#집꾸미기 #홈스타일링 #집테리어

처음 시작하는 인테리어

Misa, Hanamori, chaco, Nana
박승희 옮김

즐거운상상

PROLOGUE

당신이 살고 싶은 집은

생애 첫 독립, 이사, 가구 재배치.
새 마음 새 뜻으로.
마음이 설레지만 동시에

"어떤 집으로 꾸며야 할지 모르겠어.",
"머릿속에 떠오르는 막연한 이미지는
있는데 구체적으로 만들 수가 없어",
"나는 인테리어 센스가 없어"

고민하는 분들도 많겠지요?

What style of room do you want to live in?

어떤 집인가요?

소중한 하루하루를 보내게 될
당신의 집이 아늑한 공간이 되기를.

이 책은 **집 꾸미기와 인테리어의 기본 지식**에 대한 이야기입니다.

일상을 즐기며 살아가는 4인의 케이스를 통해
자신이 꿈꾸는 공간의 이상적인 이미지를 구체화하고
집을 센스있게 꾸미는 비결을 알려드립니다.

CASE 1
Misa's HOUSE

깔끔하게 정돈된 북유럽풍 인테리어

10년 전에 마련한 아파트. 좋아하는 인테리어 스타일을 즐기며 깔끔하게 살고 싶습니다. 물건을 엄선하고 수납법을 연구해서 가족 모두 편히 지낼 수 있도록 시스템을 만들었습니다.

HOME DATA

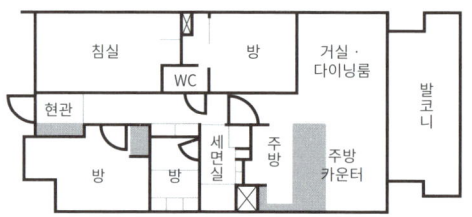

Size 75㎡ Layout 3LDK Area 오사카

PROFILE

남편과 두 아들, 반려견과 함께 하는 아파트 생활. 프리랜서로 정리 수납 어드바이저로 활동하며 육아와 물건 고르기, 방재 아이디어 등을 Instagram에서 나누고 있다. 《세련된 방재 아이디어》, 《북유럽 스타일의 심플하고 깔끔한 삶》(국내 미출간) 등이 있다.

@ruutu73
https://ruutu73.com

CASE 2
Hanamori's HOUSE

물건을 소중히 하는
심플 라이프

2021년 입주한 35년 된 목조 주택. 임대 주택이지만 DIY로 주방을 리노베이션했습니다. 오래된 집에서 누리는 라이프 스타일의 장단점을 느끼며 편안한 공간을 만들고 싶습니다.

HOME DATA

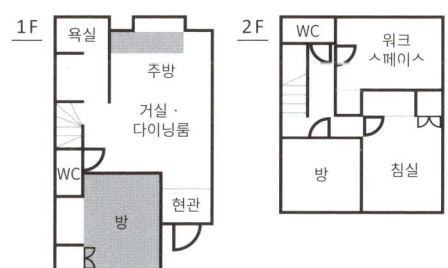

Size 83㎡   Layout 4LDK   Area 가나카와

PROFILE

단독주택에서 남편과 둘이 산다. 인테리어 관련 일을 하며 라이프 스타일을 YouTube나 Instagram에 올리고 있다.
빈티지 가구와 잡화 등 오래된 물건의 매력을 즐기며 DIY도 즐긴다.《얼른 집에 가고 싶은 싱글라이프 북》등이 있다.

◎ @hanamori_884
▭ https://www.youtube.com/@hanamori8479

CASE 3

chaco's HOUSE

좋아하는 소품으로 꾸민 동화 같은 세계

리노베이션한 1층에는 잡화점으로 운영하는 프리 스페이스와 봉당이 있는 현관만 배치. 주거 공간인 2층에는 콤팩트한 공간을 넓게 쓸 수 있도록 벽과 천장을 제거한 LDK와 로프트가 있습니다.

HOME DATA

Size 42㎡ Layout LDK+RF Area 나라

PROFILE

남편과 강아지 1마리, 고양이 2마리와 함께 사단독주택에 살고 있다. 평일에는 잡화점에서 일하고, 가끔 자택 1층에 취미 삼아 잡화점을 오픈한다.
2022년 10월부터 부부 유닛의 'uwanosora factory'로 음악 활동을 시작. 좋아하는 인테리어와 일상생활을 Instagram에 나누고 있다.

@chaco012
https://www.uwanosorafactory.net

CASE 4
Nana's HOUSE

세련되고 귀여운 한국 스타일 인테리어

평소 꿈꾸던 카운터 주방과 독립된 침실이 마음에 들어 입주한 집.
1년동안 좋아하는 한국식 인테리어를 조금씩 모았습니다.
생활감을 감추면서 편의성도 포기하지 않는 집을 만들고 싶어요.

HOME DATA

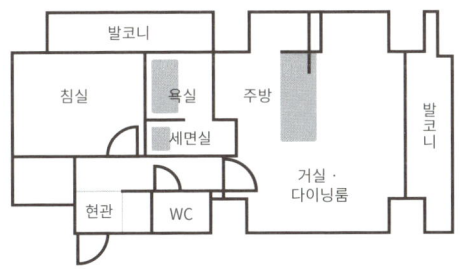

Size 49㎡   Layout 1LDK   Area 오사카

PROFILE

임대아파트에서 고양이 2마리와 살고 있다. Instagram에서 한국식 인테리어 스타일의 집 꾸미기와 생활 아이디어를 비롯 전직 메이크업 아티스트의 경험을 살려 스킨 케어 등 미용 정보를 나누고 있다.
임대주택에도 시공 가능한 포인트 벽지와 쿠션 플로어를 이용한 간편 DIY도 인기를 끌고 있다.

◉ @make.n.room

CONTENTS

2 PROLOGE 당신이 살고 싶은 집은 어떤 집인가요?

CHAPTER 1 집 꾸미기와 인테리어의 기본

집을 꾸미는 순서

- 14 STEP 1
  인테리어 스타일을 정한다
- 15 내추럴 스타일
- 16 컨트리 스타일
- 17 모던 스타일
- 18 한국 스타일
- 19 북유럽 스타일
- 20 인더스트리얼 스타일
- 21 클래식 스타일
- 22 STEP 2
  라이프 스타일을 돌아본다
- 23 STEP 3
  예산에 따라 우선순위를 정한다

인테리어 선택의 포인트

- 28 POINT 1
  공간에 어울리는 스타일
- 28 테이블
- 29 의자 · 소파
- 30 침대
- 31 선반(수납장)
- 32 POINT 2
  사이즈와 편리성
- 33 POINT 3
  개성을 더하는 아이템
- 33 식물
- 34 조명기구

집 꾸미기의 3가지 규칙

- 24 RULE 1
  컬러는 3요소의 분배가 중요
- 26 RULE 2
  생활 동선을 파악한다
- 27 RULE 3
  집안 풍경을 정돈한다

CHAPTER 2 거실 · 다이닝룸

- 36 거실·다이닝룸 기본 포인트
- 38 **CASE 1** Misa's HOUSE 「좋아하는 취향과 생활의 편리함을 더한 편안한 보금자리」
- 42 **CASE 2** Hanamori's HOUSE 「고택 카페 느낌의 여유로운 치유 공간」
- 46 **CASE 3** chaco's HOUSE 「테마는 숲속 찻집. 집에 있는 시간을 알차게 좋아하는 물건으로 가득한 집」
- 50 **CASE 4** Nana's HOUSE 「무기질적이지만 개성 만점. 연한 컬러와 나무결 무늬, 세련되고 귀여운 인테리어」
- 54 COLUMN : 1 다다미방 생활 Q&A by tomo 나만의 공간 사용법

CHAPTER 3 주방

- 58 주방의 기본 포인트
- 60 **CASE 1** Misa's HOUSE 「흰색과 천연소재로 산뜻하게. 수납 시스템을 정돈하면 청소하기 쉽고 어질러지지 않는다」
- 64 **CASE 2** Hanamori's HOUSE 「기능성과 재미를 중시. 작은 레스토랑 같은 아기자기한 느낌」
- 68 **CASE 3** chaco's HOUSE 「유학 시절 동경했던 영국의 귀여운 복고풍 주방이 모티브」
- 72 **CASE 4** Nana's HOUSE 「심플 인테리어와 편리한 수납 덕분에 요리 시간이 즐거워요」
- 76 COLUMN : 2 세련되고 편리한 주방 정리의 기술

(09)

CONTENTS

CHAPTER 4 침실

78　침실의 기본 포인트

80　**CASE 1**
　　Misa's HOUSE　「편리한 정리 시스템과 안전한 수납이 중요」

82　**CASE 2**
　　Hanamori's HOUSE　「료칸 객실 스타일 마음이 차분해지는 공간」

84　**CASE 3**
　　chaco's HOUSE　「비밀 기지 같은 개성적인 인테리어」

86　**CASE 4**
　　Nana's HOUSE　「인테리어와 조명으로 넓고 밝은 공간 만들기」

88　COLUMN : 3 공간의 무드를 연출하는 조명 기구

CHAPTER 5 세면실 · 욕실 · 화장실

90　세면실·욕실·화장실의 기본 포인트

92　**CASE 1**
　　Misa's HOUSE　「깔끔하고 기능적으로 청소의 편리성이 최우선」

94　**CASE 2**
　　Hanamori's HOUSE　「꺼내놓아도 예쁜 디자인의 일용품을 고른다」

96　**CASE 3**
　　chaco's HOUSE　「흰색 바탕 공간에 통통 튀는 디자인을 더한다」

98　**CASE 4**
　　Nana's HOUSE　「공간을 효율적으로 활용해 예쁘고 편리하게」

100　COLUMN : 4 포인트가 되는 월 데코의 비결

(10)

CHAPTER 6 현관 · 복도

- 102 현관·복도의 기본 포인트
- 104 **CASE 1** Misa's HOUSE 「 편리한 아이디어가 가득한 공간 」
- 106 **CASE 2** Hanamori's HOUSE 「 오래된 물건이 주는 안정감과 제철 식물로 힐링 」
- 108 **CASE 3** chaco's HOUSE 「 현관도 방이라 생각하고 코디를 즐긴다 」
- 110 **CASE 4** Nana's HOUSE 「 밝은 컬러와 편리한 제품으로 세련되고 깔끔하게 」
- 112 COLUMN : 5 인테리어를 좋아하는 사람들의 '사길 잘했다는 물건'

CHAPTER 7 워크 스페이스

- 114 워크 스페이스의 기본 포인트
- 116 **CASE 1** Misa's HOUSE 「 접어 보관하고 이동도 간단 생활에 맞춰 유연하게 」
- 118 **CASE 2** Hanamori's HOUSE 「 외국 아틀리에 같은 여유로운 공간을 꿈꾸며 」
- 120 **CASE 3** chaco's HOUSE 「 스타일을 초월해 즐기는 자유로운 인테리어 」
- 122 COLUMN : 6 의욕을 높여주는 워크 스페이스 만드는 법

- 124 MESSAGE 삶을 즐기며 살아가는 그녀들이 보내온 집 꾸미기에 대한 조언
- 126 RECOMMEND SHOP LIST 마음에 드는 물건을 살 수 있는 가게 리스트

(11)

Please show me your room.

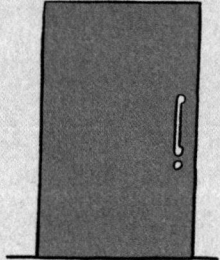

CHAPTER 1

집 꾸미기와
인테리어의 기본

집을 꾸미고 인테리어를 하는 과정에는 수많은
선택이 있습니다. 어림짐작으로 무작정 시작했다가
헤매는 일이 없도록 기본 스타일과 반드시 짚고
넘어가야 할 포인트를 알아봅니다.

집을 꾸미는 순서

편안하게 살 수 있는 집을 만들고 싶다면
자신의 취향과 원하는 조건을 파악해야 합니다.
3단계로 이미지를 차근차근 구체화하여
즐겁게 인테리어 해 보세요.

STEP 1

인테리어 스타일을 정한다

인테리어에는 다양한 스타일이 있습니다. 시대의 유행과 지역의 풍토에 따라 분류됩니다. 어떤 스타일을 좋아하는지 자신의 취향을 아는 것은 집 꾸미기에 있어 매우 중요한 포인트입니다.

이 책에서는 기본 스타일부터 인기 있는 스타일까지 7가지 인테리어 스타일을 소개합니다. 원하는 스타일을 찾았다면 '색', '형태', '소재'의 세 가지 요소에 주목하세요. 3요소를 파악해 두면 통일감 있는 인테리어를 쉽게 할 수 있습니다.

스타일의 3가지 요소

color   *shape*   *material*

색 & 형태 & 소재

색	형태	소재
같은 색이라도 명암과 농담 등의 차이에 따라 이미지가 달라집니다. 컬러의 수와 조합, 공간을 차지하는 비율도 전체 분위기를 결정하는 중요한 요소입니다.	가구와 조명 등의 윤곽이나 장식을 말합니다. 직선인지 곡선인지, 억센 느낌인지 화려한 느낌인지, 규칙적인지 불규칙적인지 형태에 따라 인테리어 느낌이 달라지므로 스타일에 맞는 것을 고르세요.	가구의 소재는 나무와 식물, 돌 등의 자연 소재와 플라스틱이나 스테인리스 같은 인공 소재가 있습니다. 스타일에 맞는 소재를 선택하면 그 스타일의 개성을 강조할 수 있습니다.

natural

내추럴 스타일

자연의 온기와 산뜻함을 느낄 수 있어
시대를 불문하고 인기 있는 스타일

색 / 부드러운 내추럴 컬러가 메인

흰색과 베이지색 등 내추럴 컬러를 베이스로 하고, 녹색의 관엽식물과 어스 컬러※의 가구로 색을 추가합니다.

형태 / 심플한 직선과 곡선을 섞는다

장식이 적은 심플하고 직선적인 형태로 비교적 화사한 느낌. 포인트로 곡선을 넣으면 더욱 부드러운 분위기가 됩니다.

소재 / 소재감을 살린 매트한 마감

밝은색 목재 가구를 사용하며 소재감을 살리면서 매트한 질감으로 마무리. 패브릭은 면이나 마 등 천연 섬유가 좋습니다.

KEY ITEM

흰색이나 크림색 벽
산뜻한 내추럴 스타일에는 흰색이나 크림색 벽이 어울립니다. 공간의 개방감을 높이는 효과도 있어요.

날씬한 목제 가구
목재의 컬러와 결은 살리고 광택을 억제한 마감. 날씬한 형태가 가벼운 느낌을 줍니다.

자연을 느끼게 하는 소품들
관엽식물이나 천연 섬유 패브릭, 자연 소재로 엮은 바구니를 추천합니다.

사진 : LOWYA

※어스 컬러 : 지구의 자연물을 이미지화 한 색. 대지와 같은 갈색과 식물의 녹색, 바다의 파란색 등이 포함된다.

country

컨트리 스타일

한가로운 시골집을 떠올리게 하는
소박하고 포근한 스타일

색 / 빈티지한 느낌의 수수한 어스 컬러

오래된 나무나 벽돌 같은 짙은 갈색이나 돌의 검정색, 긁힌 흔적이 있는 흰색이나 연한 베이지색에서 전원풍의 차분함과 따뜻함이 느껴집니다.

형태 / 묵직한 존재감과 고풍스러운 장식이 포인트

윤곽은 직선적이며 탄탄하고 중후한 짜임새가 특징. 테이블이나 의자, 선반 손잡이나 문에 전통적인 장식을 한 스타일도 많습니다.

소재 / 목재와 벽돌, 금속 등 딱딱한 것을 매치한다

나뭇결이 돋보이는 목재 가구가 메인. 테라코타※ 타일이나 벽돌, 놋쇠, 철재 등을 코디하면 한층 중후한 느낌이 듭니다.

KEY ITEM

탄탄한 목제 가구
옹이와 나뭇결을 살리고 자연 도료와 흰색, 녹색 페인트로 마감한 것. 손잡이가 철재나 놋쇠면 더욱 좋습니다.

무늬 있는 패브릭
체크 무늬나 꽃무늬가 있는 천연 섬유를 사용하면 컨트리 스타일과 잘 어울립니다.

흰색 가구와 소품
공간에 개방감을 주기에 효과적. 흰색 비율이 많은 코디는 '프렌치 컨트리'라고 부릅니다.

사진 : LOWYA

※ 테라코타 : 이탈리아어로 '구운 흙'을 의미함. 건축 재료에서는 갈색을 띠는 오렌지색의 초벌구이 도기를 말한다.

modern

모던 스타일

군더더기 없는 형태와 딱딱한 소재감이
특징인 도시적 스타일

색 / 무채색에 포인트 컬러를 1~2개 사용

흰색이나 검정, 회색 등의 무채색 바탕에 빨강, 노랑, 초록 등의 유채색을 1~2개 포인트 컬러로 추가합니다.

형태 / 직선과 곡선으로 스타일리시하게

군더더기를 없앤 미니멀한 형태가 포인트. 샤프한 직선과 곡선을 이용한 인테리어가 쿨한 느낌의 공간으로 만들어줍니다.

소재 / 딱딱한 인공 소재의 광택과 투명감

플라스틱, 유리, 스테인리스 등 광택과 투명감 있는 소재가 메인. 포인트로 관엽식물이나 목재를 두는 것도 추천합니다.

KEY ITEM

미니멀한 가구
인공 소재의 딱딱하고 광택 있는 질감과 다리가 가늘고 중심이 높은 긴장감 있는 형태가 특징입니다.

목제 가구와 식물
무기질 속에 자연 소재를 도입하여 포인트 아이템으로. 나뭇결이 깔끔한 목재를 추천.

유리로 된 가구와 소품
유리 테이블이나 조명, 거울 등의 투명감 있는 아이템은 공간에 경쾌한 느낌을 줍니다.

사진 : LOWYA

korean

한국 스타일

심플함 속에 재미를 더한
내추럴 스타일

색 / 흰색이나 아이보리 등 부드러운 색조

흰색과 아이보리 등 내추럴 컬러를 베이스로 하고 그레이 등의 수수하고 연한 색을 넣어 전체를 부드러운 색상으로 통일합니다.

형태 / 미니멀한 형태에 재미를 더하다

미니멀하고 직선적인 가구에 불규칙한 곡선의 개성 있는 소품을 매치합니다. 구조가 심플하고 날씬한 느낌을 주는 제품이 많습니다.

소재 / 자연 × 인공으로 도시적인 힐링 공간 완성

내추럴 스타일(P.15)에 대리석 무늬나 플라스틱, 유리 등의 딱딱한 인공 소재를 매치해 스타일리시한 분위기를 더해줍니다.

KEY ITEM

드라이 플라워
드라이 플라워 부케나 팜파스 그래스 같은 식물이 내추럴 컬러 공간에 잘 어울립니다.

개성 있는 형태의 소품
웨이브 미러나 매트한 질감의 화병, 캔들 등이 기본 아이템입니다.

자연 소재의 가구
밝은 색 목제 가구와 라탄 소재* 제품 등. 직선적이고 심플하며 날씬한 형태가 잘 어울립니다.

사진 : LOWYA

※ 라탄 소재 : 라탄(등나무)이라는 식물을 사용한 것. 대나무나 목재보다 부드러워 복잡한 곡선 가공이 가능.

scandinavian

북유럽 스타일

유기적인 형태가 인상적인
모던하면서도 포근한 스타일

색 / 북유럽의 자연을 느끼게 하는 내추럴 컬러

흰색, 크림색 외에 나무의 갈색이나 식물의 녹색, 호수의 파랑 등 북유럽의 자연을 느끼게 하는 색에 비비드 컬러*를 포인트로 더하는 것이 핵심.

형태 / 심플하면서도 포근한 느낌

장식이 없는 심플한 구조와 자연의 형태를 모티브로 한 인공적인 곡선이 특징. 모던한 분위기와 포근함이 공존합니다.

소재 / 자연 소재 바탕에 인공 소재 적용

밝은 색감의 목재부터 짙은 멋이 있는 오래된 목재까지 다양합니다. 천연 섬유와 자연 소재 속에서 도자기와 플라스틱 소품이 돋보입니다.

KEY ITEM

북유럽풍 가구
심플하고 부드러운 곡선이 눈길을 끄는 북유럽풍의 가구. 나무의 따뜻함을 느낄 수 있는 질리지 않는 디자인은 동양권의 주택과도 잘 어울립니다.

디자인이 예쁜 조명
겨울 일조 시간이 매우 짧은 북유럽은 조명에 신경을 많이 쓰므로 개성 있는 조명 디자인이 많습니다.

재미 있는 소품들
북유럽의 겨울은 길고 혹독하며 실내에서 지내는 시간이 많기 때문에 새나 식물을 모티브로 하는 재미 있는 소품을 두어 보는 즐거움이 있습니다.

사진 : IDC OTSUKA

* 비비드 컬러 : 원색과 형광색 등의 밝고 선명한 색을 말한다.

industrial

인더스트리얼 스타일

무기질 소재에 이질적 소재를
매치한 빈티지 스타일

색 / **사용감이 느껴지는 운치 있는 깊은 색**

금속이나 콘크리트, 타일 같은 무기질적인 소재의 색깔과 고목이나 가죽 등의 진한 갈색 조합에 녹색으로 경쾌함을 더합니다.

형태 / **장식이 없고 기능적이며 중후한 느낌**

기능적이며 탄탄하고 묵직한 형태. 쇠장식을 고정하는 볼트 등이 노출되어 있어 투박하고 멋진 디자인이 특징입니다.

소재 / **다른 소재를 믹스해 변화를 주다**

딱딱한 인공 소재와 목재나 가죽 같은 자연 소재를 믹스. 각 소재의 질감을 그대로 살려 공간에 변화를 줍니다.

KEY ITEM

가죽 가구와 소품
오일을 먹인 듯한 광택 있는 가죽 소파와 쿠션은 중후한 공간에 안성맞춤.

스틸 가구
스틸 가구는 공장이나 창고 같은 무기질적인 분위기를 만들어줍니다.

목재 × 철재 가구
사용감 있는 목재와 철재나 스틸을 조합한 것. 인더스트리얼 스타일의 상징적인 디자인입니다.

관엽식물과 카키색 소품
다크 톤의 포인트 컬러로 효과적인 관엽식물과 카키색 소품. 적당한 여유를 만들어줍니다.

사진 : LOWYA

classical

클래식 스타일

유럽 전통 양식으로 구성된
격조 높고 화려한 스타일

색 / 깊은 멋이 있는 고품격 다크톤

나무나 가죽의 갈색과 녹색, 네이비, 자주색 등 차분한 다크 톤이 주인공. 역사와 기품이 느껴집니다.

형태 / 전통적인 장식과 좌우 대칭의 아름다움

클래식 스타일 고유의 곡선적 장식이 있는 화려함이 특징. 묵직한 중후함이 있으며 디자인과 배치가 좌우 대칭적입니다.

소재 / 딱딱하고 광택 있는 고급스러운 소재

목재와 가죽은 도장이나 연마 작업을 거친 광택 있는 것으로. 놋쇠나 대리석 같은 고급스러운 소재와 전통 문양의 패브릭이 잘 어울립니다.

KEY ITEM

눈부시게 아름다운 조명
호화로운 샹들리에나 메탈 소재의 조명은 우아한 공간을 만드는 데 필수입니다.

화려한 장식의 가구
클래식 스타일의 전형이라 할 수 있는 장식이 공간을 화려하게 연출. 앤티크의 차분한 분위기도 포인트입니다.

무늬 있는 천
꽃이나 식물 모티브 무늬 패브릭을 추천. 벨로아 등 광택 있는 원단도 잘 어울립니다.

사진 : IDC OTSUKA

STEP 2

라이프 스타일을 돌아본다

매일 생활하는 공간이므로 멋만 추구할 수는 없습니다. 라이프 스타일에 맞춘 기능과 디자인이 적절한 균형을 이루는 것이 중요합니다. 가족의 수와 나이, 집에서 지내는 시간, 소유한 물건의 양, 청소 습관 등. 하나하나를 들여다보면 가구의 소재, 사이즈, 배치 등의 조건이 보입니다. 아래 항목에 따라 라이프 스타일을 돌아보고 집을 꾸밀 때 자신만의 기준을 만들어 보세요.

POINT

1. 가족의 수와 나이

가족이 모이는 거실과 다이닝룸의 가구는 인원수에 맞는 사이즈를 구입해야 합니다. 손님이 많이 오는 집이라면 사이즈가 넉넉하거나 접었다 폈다 할 수 있는 제품을 추천합니다. 어린 자녀나 반려동물이 있는 경우라면 흠집이 눈에 잘 띄지 않는 소재가 좋습니다.

2. 집에서의 행동 패턴

매일 반복하는 행동에 방해 되지 않도록 가구 배치(P.26)에 유의하세요. 가족의 동선상에 물건이 없는지, 집안일을 할 때 불필요한 동작이 더해지지는 않는지, 도구의 정해진 위치가 있는지 살펴봅니다. 불필요한 행동을 없애고 물건을 두는 장소를 조정하면 편리하고 '잘 어질러지지 않는 집'이 됩니다.

3. 물건의 양

의류와 식기, 아이의 장난감, 취미 도구 등 가지고 있는 물건의 양에 맞는 용량의 수납 공간이 없으면 집이 쉽게 어질러집니다. 쓰는 사람이 정리하기 쉬운 수납 공간(P.31)을 마련함과 동시에 그곳에 들어가지 않는 물건은 처분하는 등 물건의 적정량을 측정하는 기준으로도 활용하세요.

4. 청소 습관

청소를 자주 하기 어려운 경우, 요철이 많은 가구나 보이는 수납을 피하고 가전도 손쉽게 관리할 수 있는 제품을 선택하면 깔끔하게 오래 사용할 수 있습니다. 또 벽이나 가구 사이에 틈을 만들지 말고, 청소 도구가 들어가는 공간을 확보해두면 청소하기 쉬워서 쉽게 더러워지지 않습니다.

STEP 3

예산에 따라 우선순위를 정한다

가구를 바꿀 때 예산이 충분치 못한 경우도 있을 것입니다. 그렇다고 '일단 사고 보자'는 태도는 바람직하지 않습니다. 사용하기 불편하거나 마음에 들지 않아 또 바꾸게 된다면 쓸데없는 지출이 늘어나게 됩니다.
이상적인 공간을 만들기 위해서는 우선순위를 고려해 천천히 인테리어를 갖추어 가는 것이 중요합니다. 시간을 들여 갖게 된 물건에는 애착이 생기고, 좋아하는 것들로 채워진 집에서 지내면 마음이 풍요로워집니다.

POINT

1. 예산을 파악한다

임대로 입주할 경우, 초기 비용을 고려하세요. 짐의 양에 따라 이사 비용이 듭니다. 인테리어 아이템 구입에 쓸 수 있는 비용도 확보해 두세요.

2. 우선순위를 매긴다

인테리어 중 우선순위가 높은 것은 침대(이불), 테이블, 커튼입니다. 그 밖의 것들은 살면서 필요한 것을 차차 갖추면 됩니다. 예산이 부족하다면 세련된 조명이나 관엽식물은 뒤로 미루세요.

3. 특별히 신경 쓸 물건의 범위를 정한다

모든 것에 돈을 쓸 필요는 없습니다. 시즌용 패브릭이나 소품처럼 사용 기간이나 빈도가 낮은 것은 금액을 줄이는 등 가치관에 맞는 가이드라인을 정해 두고 정말로 원하는 것에 예산을 씁니다.

MEMO

DIY로 비용을 줄인다

가지고 있는 물건을 잘 살펴보고, 사용 가능한 물건은 DIY를 통해 취향에 맞게 변형하는 방법도 있습니다. 선반의 색을 바꿔 칠하거나, 테이블 상판이나 다리를 교체하는 등 손쉬운 것부터 도전해 보세요.

집 꾸미기의 3가지 규칙

집을 꾸밀 때 알아두면 좋은 규칙에 대해 설명합니다. 물론 '자기 취향'이 최우선이지만 인테리어 소품을 사거나 레이아웃이 어려워 고민될 때 참고하기 바랍니다.

RULE 1

컬러는 3요소의 분배가 중요

컬러는 집의 분위기를 결정하는 중요한 요소. 컬러 수가 너무 많으면 어수선한 느낌이 들고 색을 너무 맞추면 단조로워집니다.

컬러 코디에서 중요한 것은 3가지 요소를 균형 있게 배분하는 것. 베이스 컬러 · 메인 컬러 · 포인트 컬러를 70% · 25% · 5%의 비율로 배분하면 원하는 이미지를 쉽게 전달할 수 있고 통일감이 있으면서도 균형 잡힌 공간을 만들 수 있습니다.

색의 분배

베이스 컬러	메인 컬러	포인트 컬러
70 %	**25 %**	**5 %**
바닥과 벽, 천장 등에 사용하는 색입니다. 집의 인상을 크게 좌우하는 요소로, 쉽게 바꿀 수 없으므로 특별한 경우가 아니라면 질리지 않는 내추럴한 컬러를 추천합니다.	대형 가구나 커튼, 러그 등의 패브릭에 사용하는 색입니다. 베이스 컬러 다음으로 넓은 면적을 차지하므로 집의 개성을 표현하기에 안성맞춤. 계절별로 패브릭의 색을 바꾸는 것도 좋습니다.	쿠션이나 월 데코, 소품 등 작은 것에 사용하는 색입니다. 코디에 변화를 주는 중요한 포인트이므로 과감하게 눈에 띄는 색을 선택해도 좋습니다.

색의 이미지를 활용한다

색깔에는 모든 사람이 공통적으로 떠올리는 이미지가 있습니다.
'집에서 어떻게 시간을 보내고 싶은지', '어떤 느낌의 집을 만들고 싶은지' 자신의 이상에 맞춰 인테리어 선택에 색의 이미지를 잘 활용해 보세요.

색의 이미지

빨강   정열·활동적·식욕 증진

눈에 띄는 빨간색은 포인트 컬러로 추천합니다. 가족이 모이는 거실이나 다이닝룸에 적용해 보세요.

노랑   건강·희망·집중력 향상

밝은 분위기를 만들고 싶을 때 좋습니다. 집중력이 높아지는 심리적 효과도 있으므로 아이 방에도 좋습니다.

녹색   자연·안정·릴랙스

식물을 연상시키는 녹색은 치유 효과가 있습니다. 느긋하게 시간을 보내고 싶은 거실이나 침실에 좋습니다.

파랑   청정·지적·상쾌함

쿨하고 차분한 인상. 조용하고 상쾌한 느낌을 주어 침실에도 적합합니다.

핑크   부드러움·화려함·긴장 완화

부드러운 인상으로 긴장감을 완화하며 온화한 기분을 느끼게 해줍니다. 화려함을 연출하는 데도 효과적입니다.

흰색   청결·순수·깔끔함

어떤 색상과도 잘 어울리는 베이스 컬러의 정석입니다. 청결한 느낌을 주어 화장실에도 좋습니다.

기본 배색 패턴

배색이란 색과 색의 조합을 말합니다. 이를 통해 공간의 이미지가 완전히 달라집니다.
기본 4가지 패턴을 마스터하여 집 꾸미기에 활용해 보세요.

동계색

같은 색상에 농담의 변화를 주는 방법입니다. 단조로워지기 쉬우므로 소재와 무늬로 변화를 줍니다.

동일 톤

톤이란 색의 선명함과 밝기를 말합니다. 여러 개의 색을 사용하는 코디에서도 통일감을 줄 수 있습니다.

유사색

빨강과 오렌지, 연두색과 녹색 등 비슷한 색의 조합입니다. 내추럴하고 차분한 느낌을 줍니다.

반대색 (보색)

대립하는 성질을 가진 색을 말합니다. 빨강과 청록, 황록색과 보라색 등이 반대색 관계이며 서로를 돋보이게 합니다.

RULE 2

생활 동선을 파악한다

동선이란 실내에서 사람이 다니는 길을 말하며, 집의 형태나 가구의 배치에 따라 결정됩니다. 동선이 잘 짜여 있으면 행동하는 데 걸림이 없고 살기 편한 집이 됩니다. 빨래, 요리, 청소 등 매일 하는 집안일의 동선을 점검하여 최단 경로로 지나다닐 수 있는 공간을 확보해 보세요.

POINT

1. 막다른 곳을 만들지 않는다

막다른 곳이 없도록 배치해야 이동하기 편합니다. 특히 가족이 모이는 식탁이나 소파 주위, 빨래를 너는 베란다까지의 통로에 충분한 공간을 확보하세요.

 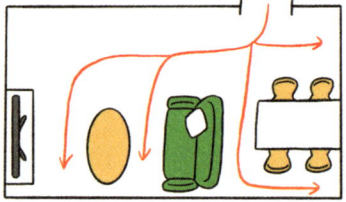

2. 사람이 다닐 공간을 비워둔다

한 사람이 정면을 보며 지나갈 때 필요한 폭은 55~60cm. 몸을 옆으로 돌려 지나가는 경우 45cm 정도입니다.
정면을 보고 두 사람이 스쳐지나간다면 110~120cm의 폭이 필요합니다.

혼자 지나간다

55~60cm

둘이 스쳐지나간다

110~120cm

RULE 3

집안 풍경을 정돈한다

현관에서 보이는 풍경은 집의 전체 인상을 결정하는 중요한 포인트입니다. 가구 배치에 따라 실제보다 좁아보이기도 하고, 스타일과 컬러에 신경 썼음에도 불구하고 산만해 보이기도 합니다. 아래 3가지 포인트를 참고하여 집안 풍경을 정돈하면 인상이 업그레이드 됩니다.

POINT

1. 시야를 막지 않는다

입구에서 볼 때 시야를 가리는 장소에 큰 가구를 놓으면 압박감이 생겨 집이 좁게 느껴집니다.
구석까지 시야가 트일 수 있도록 키 큰 가구는 벽 쪽으로 붙여 배치하고 중앙 부근에는 눈높이보다 낮은 가구를 놓으세요.

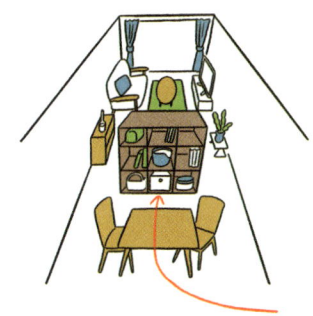

2. 가구끼리 높이와 안길이를 맞춘다

나란히 있는 가구의 높이가 다르거나 안길이가 제각각이면 어수선한 느낌을 주게 됩니다. 서로 이웃한 가구는 되도록 높이를 맞추고, 안길이가 짧은 가구는 벽에서 떼어 앞 라인을 맞추면 깔끔해 보입니다.

3. 가구를 한곳에 모은다

가구를 여기저기 배치하지 않고 한곳에 모아 여백을 만들면 시선을 둘 곳이 안정돼 차분한 공간을 연출할 수 있습니다.
입구 정면 벽이나 가구에 소품이나 그림을 장식하면 세련된 느낌을 줍니다.

인테리어 선택의 포인트

인테리어를 선택할 때 가장 빠른 길은 '어떻게 사용할 것인가'를 마음속에 그려보는 것입니다. 놓을 곳의 넓이나 사용하는 인원수, 누가 사용하는지, 어떻게 사용하는지 등의 상황을 그려보고 조건을 정리하세요.

POINT 1

공간에 어울리는 스타일

가구를 고르는 것도 쉽지 않습니다. 용도와 기능이 다른 여러 가지 스타일이 있기 때문이지요. 주요 가구의 종류를 비교하여 어떤 유형을 원하는지 곰곰이 생각해 보세요. 명칭을 알면 오프라인 가게나 온라인에서도 찾기 쉽습니다.

Table 테이블

사진 : LOWYA

다이닝 테이블
식사할 때 의자에 앉아 사용하는 테이블. 상판의 길이를 조절할 수 있는 타입도 있습니다.

로우 테이블
소파나 바닥에 앉아 사용하는 테이블. 다이닝 테이블에 비해 낮으므로 공간이 넓어 보입니다.

사이드 테이블
소파나 침대 옆에 두는 작은 테이블. 책이나 음료 등을 잠시 놓아두기 좋습니다.

책상
일이나 공부를 하는 테이블. 컴퓨터 놓을 자리나 노트·자료를 펼 여유가 있는지 확인하세요.

chair, sofa

의자 · 소파

사진 : LOWYA

식탁 의자

식탁에서 사용하는 의자. 테이블 상판과 좌면 사이의 간격은 27~30cm가 좋습니다.

암체어

팔걸이가 있어 편히 쉴 수 있습니다. 식탁 의자로 쓴다면 테이블 아래로 들어가는지 확인하세요.

스툴

등받이가 없는 의자. 콤팩트하므로 주방 등에서 가볍게 걸터앉을 때 요긴합니다.

사무용 의자

일이나 공부할 때 쓰는 의자. 승강 기능이나 바퀴 잠금 기능 등 피로 완화 장치가 있습니다.

암 소파

가장 스탠다드한 소파. 팔걸이는 베개나 등받이로도 활용할 수 있어 편히 쉴 수 있습니다.

카우치 소파

다리를 뻗고 앉을 수 있는 소파. 누울 수도 있으므로 보다 자유로운 자세로 쉴 수 있습니다.

bed
침대

사진 : LOWYA

저상형 침대 (floor bed)
매트리스를 두는 바닥면이 낮으므로 개방감을 줍니다. 자다가 떨어질까 걱정되는 어린이용으로도 추천.

사진 : LOWYA

다리가 달린 침대
바닥면에 다리가 달린 타입. 바닥과의 사이에 공간이 생기므로 통기성이 좋고 깔끔한 느낌을 줍니다.

사진 : 니토리

수납함이 있는 침대
바닥면 아래에 수납함이 있는 타입. 좁은 방이나 수납공간이 부족한 방에 안성맞춤.

사진 : 니토리

다리 달린 매트리스 침대
매트리스와 침대 프레임이 일체화된 타입. 외관상 깔끔하고 비교적 저렴합니다.

사진 : LOWYA

로프트 베드
바닥면이 높아서 아래에 책상이나 소파, 수납장 등을 설치할 수 있습니다. 좁은 공간을 효과적으로 사용할 수 있습니다.

사진 : LOWYA

소파 베드
소파로도 사용할 수 있는 침대. 주로 좌면을 끄집어내는 타입과 등받이를 젖히는 타입이 있습니다.

shelf - storage -
선반(수납장)

사진 : LOWYA

선반장
문이 없고 장식용으로 쓰는 수납 선반. 뒷널이 없는 타입은 개방감이 있어 칸막이로 사용해도 좋습니다.

책장
문고본·단행본·잡지 등 무엇을 꽂을 것인지에 따라 안길이와 선반널의 높이를 선택하세요.

캐비닛
문과 서랍이 달린 선반으로, 감추는 수납에 적합합니다. 물건에 먼지가 덜 쌓이고 오염 관리도 쉽습니다.

컬러 박스
세로로 놓기도 가로로 놓기도 가능합니다. 저렴한 물건이 많지만 내하중이 작을 수 있으니 주의하세요.

주방 랙
가전이나 주방 도구를 보관하는 선반. 두는 물건이나 장소에 따라 내하중과 내화성을 확인하세요.

신발장
신발 수납에 특화된 선반. 방문객의 눈에 제일 먼저 띄는 가구이므로 디자인도 중요합니다.

POINT 2

사이즈와 편리성

색상이나 디자인이 취향에 맞아도 사이즈가 맞지 않거나 쓰기 불편하면 스트레스가 쌓입니다. 가족의 수와 사용법을 고려해 적합한 사이즈와 기능을 선택하는 것이 중요! 대형 가구인 식탁, 소파, 침대의 ❶사이즈 기준과 ❷사용감에 관한 포인트를 소개합니다. 일반적인 지표이므로 온라인에서 구매하는 경우에도 매장에 들러 사용감을 확인하기 바랍니다.

식탁

❶ 식사할 때 사용하는 공간은 1인당 가로 60~70cm, 안길이 40~50cm 정도. 여기에 앉는 사람의 수를 곱하고 여유를 더한 사이즈가 기준입니다.

❷ 매일 사용하는 식탁은 반드시 소재를 체크하세요. 오일 마감한 원목은 시간과 함께 변화를 즐기며 오래 사용할 수 있습니다. 아이나 반려동물이 있어 흠집이나 오염이 걱정되는 경우에는 우레탄 도장 마감을 선택하면 관리하기 편합니다.

소파

❶ 1인용 암소파의 폭은 70~100cm. 2인용은 130~180cm, 3인용은 190~240cm가 표준 사이즈입니다. 좌면의 안길이가 60cm 전후면 편안한 자세로 앉을 수 있습니다.

❷ 대형 소파는 운반이 가능한지 반드시 확인해야 합니다. 복도의 폭이나 입구의 크기 등 반입 경로도 측정해 두세요. 손질이 가장 쉬운 소재는 인조 가죽. 디자인 선택의 폭이 넓은 패브릭은 발수 가공이 되어 있거나 커버를 분리하여 세탁 가능한 제품이 편리합니다.

침대

❶ 싱글의 폭은 97~110cm, 세미더블은 120~125cm, 더블은 140~160cm, 퀸은 160~180cm. 길이는 모두 195~210cm가 표준 사이즈입니다. 2명 이상이 사용할 경우에는 뒤척임을 고려해 여유 있는 사이즈를 선택하세요.

❷ 바닥면이 스노코* 형태인 것은 통기성이 좋아 곰팡이가 잘 생기지 않습니다. 헤드보드가 있으면 스마트폰이나 알람 시계를 둘 수 있어 편리해요. 조명이나 콘센트가 달린 것도 있습니다.

*스노코 : 대나 띠로 발처럼 엮은 형태

POINT 3

개성을 더하는 아이템

필요한 인테리어가 갖춰졌다면 집의 개성을 표현하는 아이템에 도전해보세요. 관엽식물은 다양한 스타일에 매치하기 쉽고 산뜻함을 더해줍니다.
조명은 실용성과 연출적인 두 가지 측면에서 검토하여 집과 목적에 맞는 것으로 고르세요. 공간 전체를 밝혀주는 메인 조명과 부분적으로 빛을 보충하는 보조 조명을 병용하는 것이 기본입니다.

[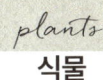 **식물** 사진 : AND PLANTS]

파키라

생명력이 강해 초보자에게 추천합니다. 햇볕이 잘 드는 장소에 두되 직사광선은 피해야 하고, 흙 표면이 마르면 물을 줍니다. 겨울에는 흙 표면이 마른 지 2~3일 후에 물을 줍니다.

몬스테라

잎이 커서 한 그루만 있어도 존재감이 생깁니다. 그늘에서도 잘 자라지만 추위에는 다소 약하므로 실온이 5°C 이하가 되지 않도록 주의하세요. 물 주는 타이밍은 파키라와 같습니다.

우스네오이데스

천장이나 벽에 걸기 적합합니다. 통풍이 잘 되는 곳에 장식하며 일주일에 1~2번, 저녁부터 밤 시간대에 분무기로 물을 뿌립니다. 한 달에 1번은 몇 시간 동안 물에 담가주세요.

드라이 플라워

천장이나 벽에 걸거나 꽃병에 꽂아두면 세련된 분위기를 연출합니다. 관리할 필요는 거의 없지만 직사광선과 습기를 피하고 먼지가 쌓이지 않도록 주의하세요.

lighting equipment
조명 기구

사진 : LOWYA

실링 라이트

천장에 직접 설치하는 타입으로 메인 조명으로 사용. 거실이나 침실 등 다양한 장소에 어울립니다.

사진 : LOWYA

펜던트 라이트

천장에 매다는 타입으로 공간의 포인트가 됩니다. 주로 다이닝룸의 식탁을 비추는 역할입니다.

사진 : LOWYA

스포트 라이트

천장에 설치하여 장식물과 그림을 강조합니다. 여러 개로 다방면을 비추면 메인 조명으로도 가능해요.

사진 : LOWYA

스탠드 라이트

방의 모서리나 침대 옆에 두고 사용하는 보조 조명입니다. 큰 것은 플로어 라이트라고 합니다.

사진 : 니토리

테이블 램프

침대 옆 등의 가까운 곳을 비추는데 편리. 공간의 포인트 역할을 하는 보조 조명입니다.

사진 : LOWYA

데스크 라이트

책상에서 쓰는 보조 조명입니다. 주로 사용하는 손의 반대쪽에 설치하면 그림자가 생기지 않습니다.

CHAPTER 2

거실 · 다이닝룸

이제 4명의 저자가 사는 공간을 구역별로
소개합니다. 첫 번째 구역은 거실 · 다이닝룸.
가족 구성이나 생활 방식에 맞는 인테리어 선택과
수납 테크닉에 주목해보세요.

거실·다이닝룸 기본 포인트

가족과 단란한 시간을 보내거나 손님을 대접하는 거실·다이닝룸은 여유롭게 지낼 수 있는 공간을 만드는 것이 중요합니다. 집의 넓이와 전원, 가전의 위치를 고려하여 가구를 배치하세요.

POINT 1

가구 배치와 관련된 조건을 파악한다

식탁이나 소파 등 대형 가구를 구입할 때는 문으로 반입이 가능한지 반드시 확인해야 합니다. 또 TV 받침대나 플로어 램프 등 근처에 전원이 필요한 가구는 우선적으로 둘 장소를 정해 둡니다. 에어컨 위치도 주의가 필요합니다.
에어컨 정면에 소파를 놓고 앉으면 바람이 직접 몸에 닿게 됩니다. 에어컨과 직각이 되는 위치에 배치하거나 최대한 멀리 두는 것이 좋습니다.

✓ CHECK POINT

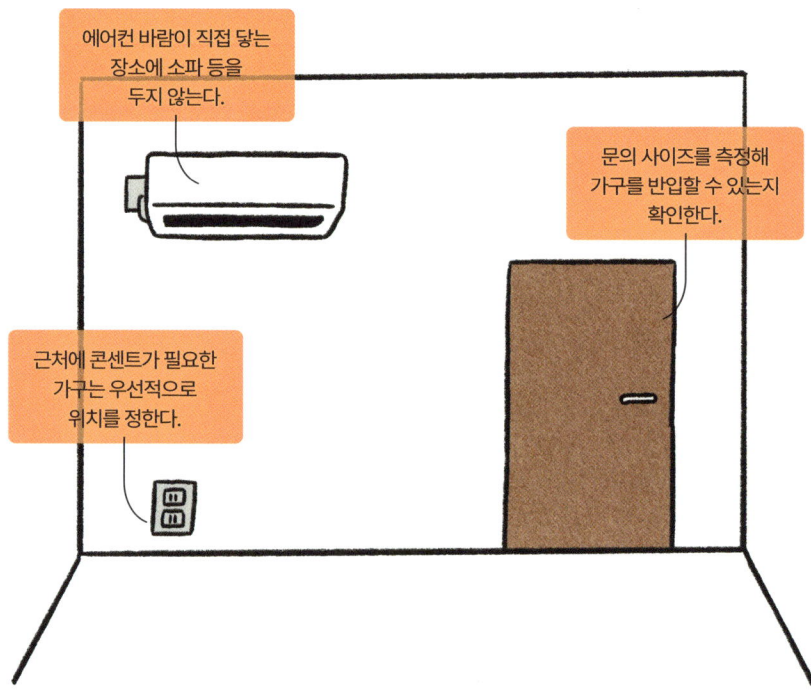

POINT 2

여유롭게 지낼 수 있는 배치의 기준

사람이 모이는 거실·다이닝룸은 자연히 가구 수가 많아지고 동선도 복잡해집니다. 인원수에 맞는 가구를 준비하더라도 가구 간격이 충분하지 않으면 어수선한 느낌을 줍니다. 특히 식탁과 소파 주변에 느긋하게 쉬거나 이동할 수 있는 충분한 공간을 마련하는 것이 중요합니다. 공간에 여유가 없다면 테이블 하나를 거실과 다이닝룸에서 함께 쓰거나 소파를 없애는 것도 고려해 보세요.

[테이블 주변의 간격]

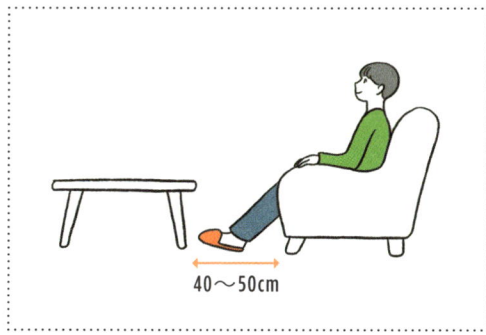

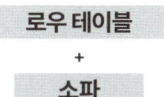

가정집 거실에 잘 어울리며, 좌면이 낮은 캐주얼 타입의 소파라면 다리를 뻗고 앉을 수 있는 45~50cm 정도의 공간이 필요합니다.

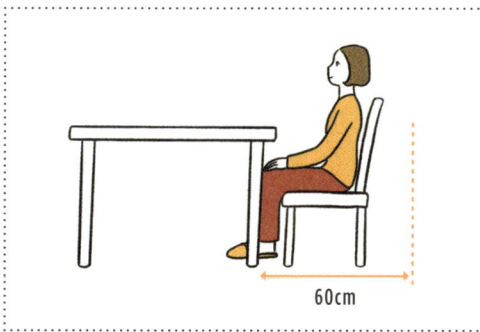

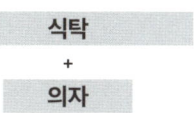

식탁 의자를 끌어당겨 앉는데 필요한 공간은 약 60cm. 앉아 있는 사람의 뒤로 지나다니려면 1m 이상의 간격을 비워야 합니다.

> **MEMO**
> **거실이 좁다면 사이드 테이블이 편리**
> 로우 테이블과 소파를 놓을 공간이 없는 경우에는 사이드 테이블을 추천합니다. 음료나 책 등을 놓기 편하고, 폴더형은 사용하지 않을 때 접어서 보관할 수 있습니다.

LIVING & DINING

CASE 1

Misa's HOUSE

좋아하는 취향과 생활의 편리함을 더한 편안한 보금자리

가족이 편안하게 쉬는 공간인 거실·다이닝룸은 북유럽 빈티지 인테리어 스타일로 설계하고 깊이감 있는 컬러의 패브릭을 사용해 아늑한 공간으로 만들었어요.

최대한 개방감을 느낄 수 있도록 키 낮은 가구로 맞췄습니다. 다리 있는 제품을 골라 바닥이 보이는 면적을 늘린 것이 넓어 보이게 하는 비결이에요.

외관상의 깔끔함은 물론이고 집안일의 편리함도 중시했어요. 청소의 수고를 줄이기 위해 '보이는 수납'은 최소한으로. 온 가족이 사용하는 리모콘과 문구류는 넣어두는 장소를 정해서 사용 후 반드시 돌려놓도록 규칙을 정했습니다.

개인 소지품도 각자의 수납공간을 만들면 물건이 어질러져 있을 때 집어넣을 장소가 분명하므로 정리하기 편해요.

아이가 자라면 어지르는 물건이나 장소, 집에서의 생활 방식이 변합니다. 그때마다 상의해가며 편안한 집으로 만들어가고 싶어요.

ROOM DATA :

Size　**27.4㎡ + 7.4㎡**

Taste　**북유럽 스타일**

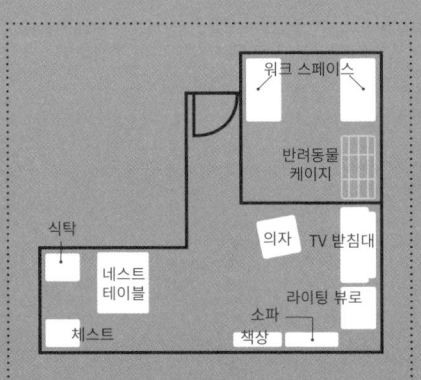

3
P.41

1
P.40

2
P.40

4
P.41

(39)

CASE 1

LIVING & DINING

Misa's HOUSE

장식용 식기는 계절이 바뀔 때마다 바꿔요. 지금은 가을 겨울 버전의 진한 색감으로 맞췄습니다.

보여주는 수납이 매력적인
따뜻한 느낌의 인테리어

북유럽 빈티지의 라이팅 뷰로*는 수납과 장식을 겸할 수 있어 좋아요. 서랍 속은 단을 나누어 가족의 개인 물건을 각자 넣습니다.

※ 라이팅 뷰로 : 책상과 선반이 합쳐져 있는 가구. 책상의 상판은 끄집어내 쓰는 구조임.

아이들의 독서를 습관화하기 위해 제일 쉽게 꺼낼 수 있는 장소에 책을 수납합니다.

북유럽풍으로 주문한
TV 장식장

주문 제작한 TV 장식장도 북유럽풍 디자인으로. 오래 사용한 듯한 멋이 있는 소재감과 손잡이 디자인에 특별히 신경썼어요.

책상은 심플하게
커튼은 발랄하게

인접한 방에는 아이의 책상과 반려동물 케이지를 두었어요. 심플한 디자인의 제품을 고르고 포인트로 발랄한 느낌의 커튼을 벽장 가리개로 설치했습니다.

네스트 테이블은 스마트폰·태블릿 충전 공간과 메이크업 도구를 두는 곳. 자잘한 물건 수납에는 바구니가 안성맞춤.

콤팩트한 사이즈도
북유럽 가구의 매력

다이닝룸 끝에는 북유럽 빈티지의 네스트 테이블을 놓았습니다. 아담한 사이즈라 귀여워요. 비어 있는 상부 공간에는 선반을 달아 떨어져도 안전한 가벼운 물건을 수납합니다.

LIVING & DINING

CASE 2

Hanamori's HOUSE

고택 카페 느낌의 여유로운 치유 공간

가마쿠라의 고택 카페 분위기를 참고한 다이닝룸. 주인공은 묵직하고 중후한 느낌의 테이블과 크고 둥근 조명이에요. 현관에 들어서자마자 다이닝룸이 바로 나오는 구조라서, 제일 먼저 눈에 들어오는 자리에 둘 물건에 특별히 신경 쓰고 싶었어요.

테이블은 둘이서 쓰기 다소 넉넉한 사이즈지만 공간에 놓았을 때의 볼륨감을 중시해 골랐습니다. 친구가 놀러왔을 때도 널찍하게 쓸 수 있어요. 보름달 같은 둥근 조명은 존재감 있는 사이즈와 새어 나오는 부드러운 빛이 마음에 쏙 들어요.

다이닝룸과 이어져 있는 방에는 좋아하는 책들을 잔뜩 두고 거실 같은 편안한 공간으로 쓰고 있어요. 앉았을 때 느낌이 좋은 아웃도어 의자에서 느긋하게 책을 읽거나 다다미 위에 누워 있다 보면 낮잠에 빠져들기도 해요.

처음에는 방을 어떻게 사용해야 할지 몰라 헤맸지만 살다 보니 익숙해져서 편안해요.

ROOM DATA :

Size 21.4㎡ + 9.9㎡

Taste 인더스트리얼 스타일

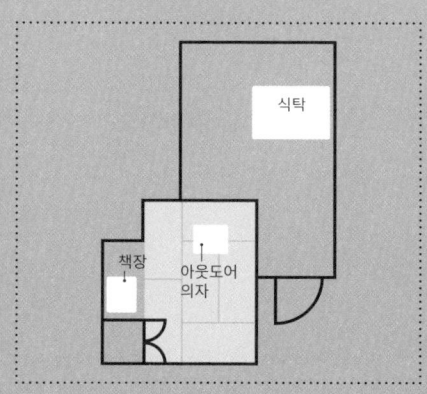

1

**유니크한 탁자는
소재감이 포인트**

상판은 고재를 모아 만든 것으로 짙은 색상과 울퉁불퉁한 질감이 예뻐요. 따뜻한 느낌의 나무와 철재의 궁합도 훌륭합니다.

2

**같은 컬러에
디자인은 다른 의자**

혼자 살 때부터 사용하고 있는 오른쪽의 아콜 체어*가 고재 테이블과 잘 어울립니다. 왼쪽의 남편 의자도 어울리는 컬러로 골랐어요.

＊아콜 체어 : 영국의 유서 깊은 가구 제조업체인 ERCOL(아콜)의 의자. 곡목(曲木) 기법의 디자인이 특징.

어디에나 잘 어울리는 따뜻한 느낌의 조명

랜덤하게 배열된 대나무 틀의 두루뭉술함이 개성 있는 빈티지 가구와 잘 어울립니다. 마음에 들어 작가에게 직접 구입했습니다.

작은 도서관

벽장 크기에 맞춰 책장을 DIY했어요. 좋아하는 책은 표지 정면이 보이도록 꽂아 서점처럼 진열해 놓고 즐겨요.

LIVING & DINING

CASE 3

chaco's HOUSE

테마는 숲속 찻집
집에 있는 시간을 알차게
좋아하는 물건으로 가득한 집

콤팩트한 거실과 다이닝룸이지만 좋아하는 것들로 가득 채워 쾌적하게 지낼 수 있는 공간으로 만들기 위해 노력했어요. 특별히 신경 쓴 것은 전체 배색과 가구의 사이즈예요.

물건을 많이 두고 싶었기 때문에 복잡한 느낌을 주지 않도록 컬러는 3요소로 통합했어요. 회반죽으로 칠한 흰 벽과 바닥 및 창호의 갈색 같은 내추럴 컬러를 바탕으로 하고, 노랑과 핑크색 소품으로 발랄함을 더했습니다. 선명한 컬러보다는 앤티크 목제의 짙은 색이나 수수한 컬러에 끌리는 편이에요.

가구는 키가 작고 안길이가 얕은 것을 골라 압박감을 줄였어요. 디자인과 사이즈가 천차만별인 앤티크 가구 중에서 나에게 딱 맞는 물건을 만나려면 행운과 끈기가 필요합니다. 밤마다 앤티크 숍의 웹사이트를 돌아다니며 찾아낸 가구들은 쓰면 쓸수록 애정이 커집니다.

ROOM DATA :

Size   **25.2㎡**

Taste   **컨트리 스타일**

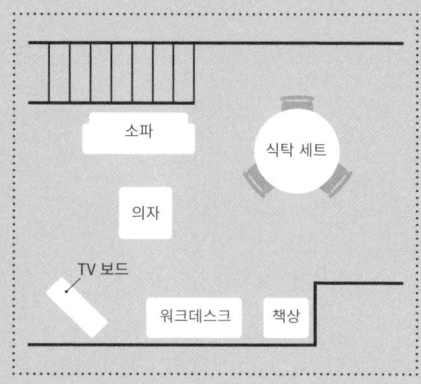

1
P.48

2
P.48

3
P.48

5
P.49

4
P.49

찻집 기분을 느낄 수 있어
좋아하는 의자

찻집에 있는 듯한 복고풍 분위기에 첫눈에 반한 아콜 체어. 좌면이 깊고 등받이가 높아 느긋하게 앉아 있을 수 있어요.

행잉 인테리어로
보이드 공간을 활용

보이드 천장에는 직접 만든 스웨그와 라탄 소재 조명 기구를. 나뭇가지도 매달아 동화의 숲 같은 이미지를 연출했어요.

소파 주변에는
좋아하는것들을 집합

긴 시간을 보내는 소파 주변은 '좋아하는 것'이 즐비한 공간으로. DIY한 장식 선반의 주인공은 소박하고 사랑스러운 곰인형입니다.

소파는 가운데가 둘로 나누어져 있어 1인용으로도 사용 가능.
상황에 따라 형태를 바꿔가며 오래 사용하고 싶어요.

다이닝룸에 어울리는
사이즈와 색·소재

식탁은 평소 갖고 싶었던 아르텍(Artek) 제품. 방해되지 않는 사이즈로 소재와 컬러도 주방에 딱 맞아요.

서랍에 수납해
생활감을 감춘다

서랍의 숫자가 귀여운 앤티크 수납장에는 일용품을 넣어둡니다. 좋아하는 커피용품은 위에 진열해 '보여주는 수납'으로.

(49)

LIVING & DINING

CASE 4

Nana's HOUSE

무기질적이지만 개성 만점
연한 컬러와 나무결 무늬
세련되고 귀여운 인테리어

한국 인스타그래머의 집을 참고해 만든 인테리어는 언뜻 보기에는 무기질적이지만 개성 있는 디자인이 많습니다. 귀여운 아치형 맨틀피스와 다리가 부드럽게 휘어진 플리츠 쉐이드 램프는 공간을 세련되게 만들어 주는 아이템인 것 같아요.

1인 가구라 콤팩트한 가구로 골랐고, 테이블 하나로 식탁과 거실 테이블을 겸하고 있어요. 컬러는 흰색과 베이지, 밝은색 나무로 맞춰 공간을 넓어 보이게 했습니다. 캣타워와 케이지, 고양이 장난감도 집에 잘 어울리는 연한 색으로 골랐어요.

포인트로 쓸 타입의 벽지를 붙였습니다. 현재는 두 곳에 연한 녹색 꽃무늬와 수수한 녹색 무지 벽지를 붙인 상태예요.

간단히 붙이고 깨끗하게 떼어낼 수 있으므로 임대 주택에서도 사용할 수 있다는 것이 장점. 부분적으로 벽의 분위기를 바꿀 수 있으므로 색과 무늬도 과감하게 시도할 수 있어요.

ROOM DATA :

Size **24.9㎡**

Taste **한국 스타일**

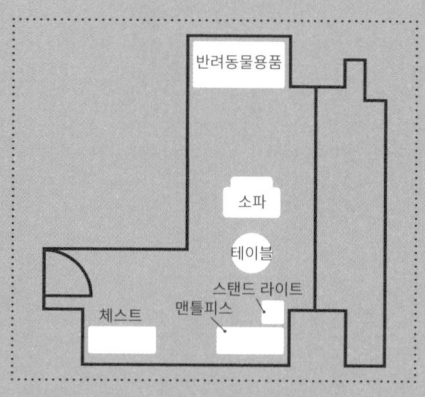

거실&다이닝룸의 문 근처

 1

소품은 높낮이를 다르게 진열해 균형을 맞춘다

거실&다이닝룸에 들어서면 바로 오른쪽에 있는 체스트. 좌우와 중앙에 높낮이가 다른 소품을 놓아 균형감 있게 진열하는 것이 포인트입니다. 바닥에 둔 웨이브 미러도 마음에 들어요.

2

고양이와 함께 쉴 수 있는 작은 소파와 쿠션

소파는 다리를 없앤 디자인을 골라 압박감을 줄였어요. 컬러를 맞춘 오토만과 쿠션으로 콤팩트하지만 자유롭게 쉴 수 있는 공간을 만들었어요.

③ 개성 있는 소품은 컬러를 맞춘다

맨틀피스는 디자인이 예쁜 램프와 양초로 꾸몄습니다.
컬러는 그레이와 연노랑으로 맞춰 통일감을 연출했어요.

④ 인테리어를 방해하지 않는 프로젝터를 애용

TV는 압박감이 느껴져서 놓지 않았어요. 대신 조명 일체형 프로젝터를 사용해 TV와 영화를 봅니다.

⑤ 고양이 용품도 공간에 잘 어울리는 컬러와 소재감을 중시

라탄 소재의 캣타워는 컬러와 크기를 중시해 골랐습니다. 케이지와 장난감을 고를 때도 집에 어울리는 디자인인지를 생각해서 골랐습니다.

COLUMN : 1   JAPANESE ROOM

다다미방 생활 Q&A

다다미방은 꾸미기 어려울 것처럼 느껴지지만 의외로 세련된 공간으로 만들 수 있습니다. 다다미방에서 멋진 생활을 하고 있는 Tomo 씨에게 궁금한 점을 물어봤습니다.

Profile :

tomo   @ __to.m.ooo_____

오사카부 거주. 온라인 편집숍 <ELaa> 점주. 3년여 전부터 살고 있는 다다미방은 '빨리 들어가고 싶어지는 집'을 콘셉트로 편안한 공간을 지향하고 있습니다. 소품과 책 등 좋아하는 것들로 가득 채운 생활을 나누는 Instagram이 인기.

ROOM DATA :

Size   19.8 ㎡

Taste   Taste Mix 스타일

Q.
어울리는 인테리어의 조건은?

A. 부드러운 분위기의 원목 인테리어를 추천합니다. 나무로 된 가구를 좋아해서 원래부터 수집하고 있었기 때문에 다다미방이 있는 집으로 이사할 때 그대로 사용해도 어색함이 없었어요. 그밖에도 내추럴한 인테리어와 잘 어울려서 관엽식물을 많이 놓았습니다.
시간이 흐르면서 컬러와 질감이 변해가는 라탄 소재 거울과 매거진 랙도 마음에 들어요.

Q.
다다미방 인테리어의 특별한 포인트가 있다면?

A. 상인방*이 있기 때문에 벽에 구멍을 뚫지 않고도 행잉 인테리어를 할 수 있다는 점이에요. 모빌이나 행잉 화분의 식물이 바람에 흔들리는 것을 보고 있으면 무척 힐링된답니다.
바닥에서 생활하는 경우가 많으므로 가구는 낮은 것으로 골랐어요. 압박감이 없어 공간이 넓게 느껴지고 행잉 인테리어와의 균형도 잘 맞아요.

※ 상인방 : 장지문이나 맹장지 등의 상부틀로 설치되어 있는 가로목.

Q.
개성 있게 즐기는 요령은?

A. 스스로 '애정을 가질 수 있는가'라는 관점이 중요해요. 이를테면 장지문이나 맹장지 같은 경우, 저는 장지문을 닫아두어도 빛이 느껴지는 게 좋아서 그대로 활용하고 있어요.
맹장지는 제거할 수 있는 것은 제거하고 가림막이 필요한 부분에는 흰 천을 걸었고, 안길이가 깊은 벽장은 책장 겸 책상으로 만들어 소품들을 장식하고 있어요.

COLUMN : 1

tomo's HOUSE
나만의 공간 사용법

소품, 책과 식물 등 좋아하는 아이템으로 가득 채운 공간을 소개합니다.

책장

간단 DIY로 수납량을 자유자재로

종이의 질감과 장정의 매력을 느끼고 싶어서 종이책을 모으고 있어요. 책장에 다 들어가지 않으면 벽돌 위에 나무판을 얹어 공간을 확장합니다. 쌓기만 하면 되니 본격 DIY라고 말할 수준은 아니지만 (웃음) 보기에도 예뻐서 마음에 들어요.

MEMO
장식 방법의 포인트

벽을 꾸밀 때(월 데코)는 큰 것부터 꾸민 후 빈틈을 메우듯 작은 스티커 등을 붙이면 쉽게 균형을 잡을 수 있습니다.
벽에 압정을 꽂을 수 없을 때는 마스킹 테이프를 사용해 보세요. 소품의 경우에는 우선순위를 정해 꼭 장식하고 싶은 것부터 놓고 크고 작은 사이즈의 균형을 맞추려고 노력하고 있어요.

벽장 책상

일하는 중에도 기분이 좋아진다

2개의 벽장 중 하나는 책상으로 활용하고 있어요. 벽돌과 나무판으로 책꽂이를 만들고, 벽에는 숍 카드와 포스터, 스티커 등을 붙였습니다. 좋아하는 것으로 주변을 채우면 일할 때 자연스럽게 기분이 좋아집니다.

사과 상자 선반

소품 장식에 안성맞춤

플리마켓 사이트에서 싸게 구입한 사과 상자는 세로로 쌓거나 가로로 나란히 놓는 등 자유롭게 이용할 수 있어 유용합니다. 지금은 2개를 가로로 나란히 놓아 소품을 장식하는 공간으로. 소품은 기분에 따라 바꾸는데, 라탄 거울과 개성 있는 꽃병으로 꾸민 지금의 레이아웃을 매우 좋아합니다.

CHAPTER 3

주방

주방이 마음에 들면 집안일도 더 즐거워집니다.
편하게 청소할 수 있는 아이디어와 편리한 수납 공간 등
생활의 편리성에 무게를 둔 '공간 꾸미기'에 주목합니다.

주방의 기본 포인트

주방은 조리 도구와 식기 등 자잘한 물건이 많아 어질러지기 쉽고, 식품이나 조미료 포장 용기 때문에 생활감이 많이 드러나는 곳입니다. 수납 아이디어를 통해 편리하면서 보기에도 깔끔한 주방을 만들어 보세요.

POINT 1

'숨기는 수납'과 '보이는 수납'을 구분한다

주방이 깔끔해 보이려면 숨기는 수납을 잘하는 것이 중요합니다. 레인지나 싱크대 아래의 선반은 북엔드로 칸막이를 추가하거나 ㄷ자형 랙을 사용해 단을 늘리면 편리합니다. 수납함을 추가 구매할 때도 가능하면 문이 달린 것을 선택해야 편리합니다. 보여주는 수납은 공간에 여유를 두세요. 물건이 많으면 답답하게 느껴지므로 엄선한 물건만 장식한다는 생각으로 놓습니다.

숨기는 수납

식료품과 자잘한 물건

숨기는 수납에 적합한 것은 커트러리와 비닐 같은 일용품, 포장 용기가 눈에 띄는 조미료와 비축 식품 등. 빨리 꺼내야 하는 클립 등 자잘한 물건도 바구니에 담으면 깔끔합니다.

Photo by kaori

보여주는 수납

좋아하는 식기와 소품

보여주는 수납은 좋아하는 소품이나 법랑 냄비 등 일상적으로 보여주고 싶은 것을 둡니다. 또한 자주 사용하는 주방 도구 수납에도 적합합니다. 후크에 걸어두면 바로 잡을 수 있어 편리합니다.

Photo by Yasu

POINT 2

사용 빈도로 나누어 수납

집안의 물건은 각각 사용 빈도가 다르므로 자주 쓰는 물건을 꺼내기 쉽고, 정리하기 편한 곳에 두는 것이 수납 비결입니다. 물건이 많은 주방도 이 방법으로 정리하면 집안일 효율이 훨씬 높아집니다. 가장 넣고 빼기 쉬운 것은 눈~허리까지의 높이에 있는 수납장. 그보다 높은 곳과 낮은 곳에는 사용 빈도가 낮은 물건을 두세요. 방재면에서는 높은 곳에 무거운 물건이나 깨지는 물건을 두지 말아야 합니다.

눈높이보다 높은 수납장
찬합이나 종이접시, 종이컵, 계절용 장식품 등 사용 빈도가 낮고 가벼운 것

눈높이~허리 높이의 수납장
즉시 손이 닿아야 하는 조리기구나 조미료, 평소 쓰는 커트러리와 식기 등

허리 아래의 수납장
큰 냄비나 사용 빈도가 낮은 조리기구 비축 식품 등의 무거운 것

> **MEMO 청결을 쉽게 유지할 수 있는 아이디어도 중요**
> 주방은 조미료와 기름으로 오염되기 쉬워 청소를 자주 해야 합니다. 상판에 물건을 두지 않고 후크나 랙을 이용해 바닥에서 띄워 수납하면 청소가 쉬워져서 깨끗하게 유지할 수 있습니다.

KITCHEN
CASE 1

Misa's HOUSE

[흰색과 천연소재로 산뜻하게
수납 시스템을 정돈하면
청소하기 쉽고 어질러지지 않는다]

주방은 쉽게 더러워지는 장소이므로 상판 위에는 되도록 아무것도 두지 않아 뭔가 눈에 띄면 즉시 닦을 수 있게 만들었어요.

산뜻하게 보이고 싶어서 컬러는 흰색을 기본으로 하고 가전도 흰색으로 통일했습니다.

일용품과 주방 도구는 수납 공간을 정해 두는 것이 중요해요. 기본 규칙은 사용하는 곳에 수납할 장소를 만드는 것. 아이들이 학교에 가져가는 물통은 싱크대 밑 서랍에 수납하고, 씻어서 말리면 최소한의 동작으로 정리할 수 있습니다.

자주 쓰는 냄비나 청소용 스프레이는 레인지 옆에 걸어 바로 잡을 수 있게 만들었어요. 먹는 약이 들어있는 작은 바구니는 레인지 후드 위가 제자리입니다.

장식장은 베이지~갈색으로 톤을 맞추고 검은 줄무늬 캔을 포인트로. 천연 소재 바구니는 예쁘고 내용물을 숨길 수 있는 데다 꺼내기 쉬워서 주방 수납에 안성맞춤입니다.

ROOM DATA

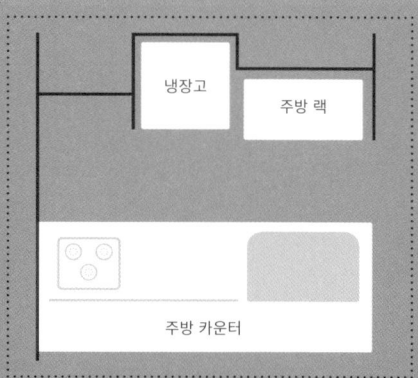

매일 쓰는 공간이므로 편하고 깔끔하게 유지하도록 연구

걸어서 수납하면 닦을 때 드는 수고를 최소한으로 줄일 수 있어요. 조미료는 레인지 아래 서랍에 넣어 바로 꺼낼 수 있도록 합니다.

수납장을 정돈해 시간을 단축한다

싱크대 밑 서랍은 파일 박스로 칸막이를 하여 물건의 위치를 구분합니다. 정리 동작이 수월해져요.

맨 윗칸 바구니에는 종이컵 등 사용 빈도가 낮고 가벼운 것을 둡니다. 종이 냅킨이나 천을 덮어두면 먼지가 쌓이는 것을 막을 수 있어요.

 **문이 없는 수납장은
재해 상황도 고려**

장식장은 DIY로 설치한 것입니다. 방재 관점에서 윗칸에는 떨어져도 깨지지 않는 것만 둡니다.

 **북유럽풍 목제 소품으로
주방에도 힐링을**

장식장 하단에는 귀여운 디자인의 티세트를. 새 모양의 이쑤시개 통은 잡화점에서 보자마자 반해서 구입했어요.

KITCHEN
CASE 2
Hanamori's HOUSE

기능성과 재미를 중시 작은 레스토랑 같은 아기자기한 느낌

천창과 큰 창이 있는 주방. 햇빛이 환하게 들어와 좋아하는 장소입니다. 작업대가 넓어서 남편과 같이 요리하는 일도 많아졌어요. 주방의 이미지는 '동네 작은 레스토랑 느낌'입니다.

DIY로 설치한 와인잔 홀더에 잔을 걸고, 창문 위 선반에는 킵보틀처럼 술병을 장식해 가게 느낌이 나도록 했어요.

임대 주택으로는 드물게 주방 상판에 희고 청결한 느낌의 '몰텍스'라는 미장 도재(塗材)를 사용한 점도 매력 포인트. 스테인리스가 많은 주방 도구와도 잘 어울립니다.

흰색 타일이 부착된 벽은 다소 복고적인 분위기라 마음에 들었어요. 상판을 받치고 있는 나무틀만 너무 새것처럼 느껴져서, 옅은 색을 띠는 수성 우레탄 니스를 발라 오래 쓴 느낌이 나도록 만들었어요.

문이 없는 수납장이라 조미료와 일용품은 함석 상자에 넣거나 커튼으로 가려 생활감을 줄였습니다.

ROOM DATA

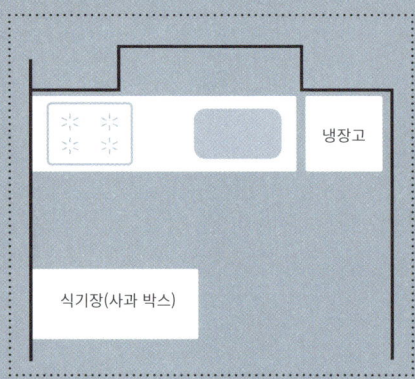

예쁜 조미료통으로 기분 좋게 조리도 스마트하게

조미료는 한 손으로 열 수 있는 병에 넣어 사용합니다. 향신료 선반은 조미료 통의 높이에 맞게 DIY했어요.

메탈릭한 소재와 목재의 조합도 예뻐요

비축 식품류는 함석 상자에 넣어 둡니다. 자석 테이프를 붙인 북엔드로 안을 구분하면 정리하기 편해요.

3

**출창은 보여주는 수납과
미니 텃밭으로 활용**

햇볕이 잘 드는 출창은 자주 쓰는 주방 도구와 식물을 두는 곳. 꽃을 꽂거나 여름철에는 바질이나 파슬리를 길러 요리에 씁니다.

4

**좋아하는 것들로
장식하듯 수납**

거실과 다이닝을 느슨하게 구분하는 수납 선반은 사과 상자 6개를 쌓아 만든 것. 유리 포트 등 좋아하는 식기를 장식처럼 수납하고 있습니다.

KITCHEN
CASE 3

chaco's HOUSE

[유학 시절 동경했던
영국의 귀여운 복고풍
주방이 모티브]

저희 집은 원룸이라 따로 방이 없기 때문에 주방 유닛은 방 같은 존재예요. 좋아하는 소품으로 장식하고, 최대한 자주 청소해서 바닥에 누울 수 있을 정도로(웃음) 애정을 느끼는 공간입니다.

주방은 영국 업체 제품으로 유학 시절 지냈던 영국의 호스트 하우스를 표현한 것입니다. 밝은 목재 상판과 수납장의 수수한 하늘색을 메인 컬러로 잡고, 포인트로 노란색을 군데군데 넣었어요.

냉장고와 레인지 후드는 인터넷에서 복고풍 디자인을 찾아 어렵게 구한 것입니다. 전체적으로 '귀여운 복고풍'이 테마지만, 너무 유치해지지 않도록 실버 손잡이와 가전제품에 신경 썼어요.

식기 스탠드와 도마, 주방 도구는 되도록 목제품으로 통일해 보이는 곳에 수납하고 있어요. 금속제에 비해 쉽게 변색되거나 눌어붙기는 하지만 그것도 멋이라 생각하고 소중히 아끼며 사용하고 있어요.

ROOM DATA

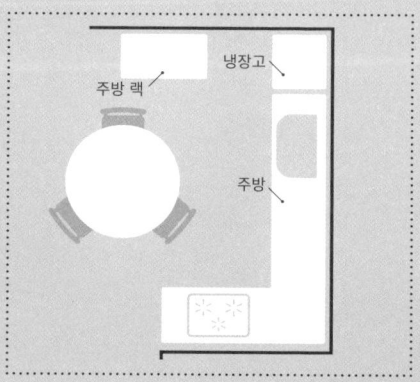

(69)

냉장고에는 좋아하는 마그넷을 잔뜩 붙였어요. 습도계도 있어서 의외로 기능적이에요.

외국 시골 마을에 있을 법한 소박한 아이템

도기 싱크대 주변에는 목제 주방 도구와 복고풍의 노란 시계를 두었습니다. 소박한 분위기가 예뻐요.

동화 같은 세계관을 상징하는 오브제

벽걸이 수납장 위에는 목마 오브제와 조명을. 귀엽고 크기도 이상적이라 저희 집 심벌이 되었어요.

**집안일을 즐겁게 만드는
도구들**

레인지 옆 창가에는 조리 도구를 모아두었어요. 나무 국자로 냄비를 젓고 있으면 이야기 속 주인공이 된 것 같아 설렌답니다.
오른쪽 끝에 있는 것은 한 번에 3가지 요리를 할 수 있는 프라이팬. 자주 쓰지는 않지만(웃음) 귀여워서 보이는 곳에 걸어두었어요.

동남아 레스토랑에 있을 법한 조미료통. 통통 튀는 색감을 보고 첫눈에 반했어요.

**좋아하는 것들만
따로 모아 둔 유리 찬장**

앤티크 유리 찬장에 작은 포트와 조미료통을 장식했어요. 쓰기 아까워서 보고 즐기는 용도입니다.

KITCHEN
CASE 4
Nana's HOUSE

[심플 인테리어와
편리한 수납 덕분에
요리 시간이 즐거워요]

저희 집은 1인 주택으로는 드물게 주방이 넓고 수납 공간이 충실합니다. 무엇보다 이 집을 고른 가장 큰 이유는 평소 꿈꾸던 카운터 주방이 있었기 때문이에요.

혼자 살다 보니 집밥을 하려면 큰맘을 먹어야 하는데, 조금이라도 동기 부여가 되도록 주방을 취향껏 꾸미고 싶었어요.

물건이 많은 곳이므로 가구나 소품의 컬러는 흰색과 베이지색으로 통일해 깔끔하게 만들었어요. 가전도 흰색으로 통일해 압박감을 줄였어요.

주방에 쓰레기통을 두지 않는 것도 저만의 규칙이에요. 자리를 차지하는 데다 벌레가 생기는 것도 싫어서 모으지 않고 즉각즉각 버리는 습관을 들이고 있어요.

레인지 주위는 흰색 타일 느낌의 포인트 벽지를 붙였습니다. 레인지 후드에 맞춰 자르는 게 조금 힘들었지만 원하던 주방에 더 가까워져서 만족스러워요.

ROOM DATA

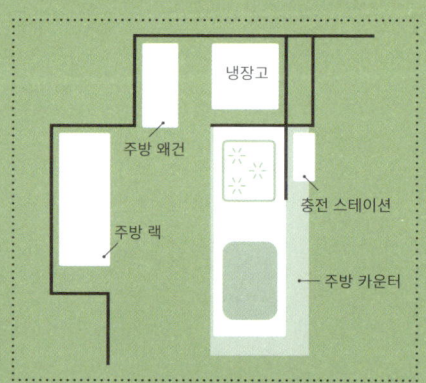

 사이즈가 맞지 않는 가구는 쓰기 편하게 리메이크

컬러와 문 디자인을 보고 첫눈에 반한 향신료 선반. 레인지 옆에 두고 싶어서 리메이크 업체에 부탁해 안길이를 맞췄어요.

 무거운 저장식품도 넣고 빼기 수월하게

바퀴 달린 랙에는 고양이를 위한 저장식품 등 무겁고 자주 쓰는 물건을 수납합니다. 틈새를 활용할 수 있고 넣고 빼기 편해요.

모양이 제각각인 제품은 문 달린 선반에 수납

식기는 문 달린 주방 선반장에 수납해요. 자주 사용하는 식기를 앞쪽에 놓고, 컬러를 맞춰 서랍을 정리하면 테이블 코디할 때 편리합니다.

충전도, 작업도 순조롭다

거실 쪽 주방 카운터 아래에 숭전 스테이션을 설치했어요. 인테리어에 잘 어울리도록 흰색과 나뭇결 무늬가 있는 디자인을 골랐습니다.

COLUMN : 2　KITCHEN IDEAS

세련되고 편리한 주방 정리의 기술

물건이 많아지기 쉬운 주방을 깔끔하게 보이도록 하는
수납법과 레이아웃을 소개합니다.

Idea 1

Yasu 📷 @yasuoromen

보여주는 수납은 컬러와 소재별로 물건을 정리하는 것이 비결. 전체적인 테마나 취향이 드러나므로 다음 구매 계획도 쉽게 세울 수 있습니다.

Idea 2

akane 📷 @akn.myhome

팬트리는 생활감이 드러나지 않도록 수납 케이스와 컬러를 맞춰 정리했어요. 오픈 선반이라 예쁘게 보이는 것도 중요합니다!

Idea 3

kaori 📷 @hibiiro

뒤섞이기 쉬운 커트러리는 대나무로 된 오거나이저에 수납. 정돈돼 보이고 서랍을 열 때마다 마음이 설레요.

Idea 4

곰 📷 @arabesque0525

유닛 선반은 주방 도구를 수납하는 장소이자 좋아하는 그릇을 진열하는 갤러리. 깔끔하게 연출하고 싶을 땐 문을 닫아 둡니다.

CHAPTER 4

침실

침실은 사적인 장소이니만큼 편리함과
좋아하는 스타일을 먼저 적용하고 싶은 곳.
어떤 공간에서 편안함을 느끼는지
원하는 조건을 생각해 보세요.

침실의 기본 포인트

침실은 하루의 피로를 푸는 소중한 공간입니다.
잠들기까지의 시간을 어떻게 보내고 싶은지
몇 명이 자는지에 따라 필요한 인테리어가 달라집니다.

POINT 1

침대 주변의 동선을 확보한다

침대 주변은 자는 사람이 지나다닐 수만 있으면 되므로 통로의 폭은 최소한이면 됩니다. 하지만 꼭 확보해야 하는 것이 침대 정리를 위한 공간입니다. 이 공간이 없으면 시트를 교체할 때 매우 힘들어요. 침대 사이드와 벽 사이는 65cm 정도, 침대 발치와 벽 사이는 70cm 이상 비우세요. 침대 한쪽을 벽면에 붙이는 경우에는 이불 두께(10cm 정도)의 간격만큼 띄우면 이불을 침대 위에 잘 정리할 수 있어요.

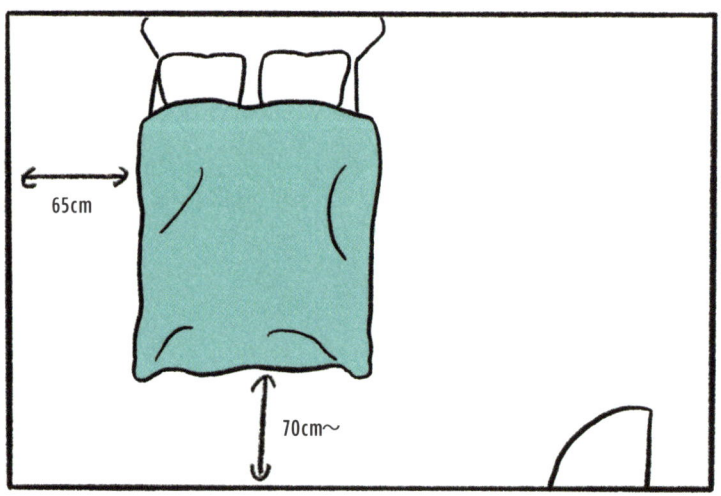

> **MEMO 침대 주변 문이 잘 열리는지도 고려**
>
> 방문의 폭은 평균 70cm이므로 문 근처에 침대를 놓을 경우 개폐에 방해가 되지 않도록 70cm 이상의 폭을 확보합니다. 미닫이문 타입의 옷장 근처는 동작 공간을 고려해 90cm 이상의 폭이 필요합니다.

POINT 2

침대 주변의 조건을 확인하다

여유롭게 독서를 하거나 음악을 듣거나 텔레비전을 보거나…. 취침 전의 이런 릴랙스 타임을 중요하게 생각하는 경우가 많을 겁니다. 배우자와 침실을 함께 쓰는 경우라면 생활 리듬을 고려해 각자 쾌적하게 지낼 수 있는 아이디어가 필요합니다. 원하는 삶의 방식이 있다면 그것을 위해 필요한 설비 등 조건을 확인하여 침대 주변 인테리어를 정리해보세요.

[여유롭게 책을 읽고 싶다]

ITEM
· 사이드 테이블
· 테이블 램프

침대 위에서 독서를 한다면 침대 옆에 책을 두기 위한 사이드 테이블과 근처를 비추는 테이블 램프를 준비하세요. 빛의 방향과 높이를 조절할 수 있는 제품이면 좋습니다. 독서를 하는 경우가 아니더라도 머리맡에 콘센트가 있으면 편리합니다.

[각자의 시간을 소중히 보내고 싶다]

ITEM
· 사이드 테이블
· 테이블 램프
· 칸막이

배우자와 각자의 시간을 보내는 경우에는 침대 양쪽에 사이드 테이블과 테이블 램프를 준비하세요. PC 등으로 장시간 작업하는 경우에는 공간을 따로 만들어 침대와의 사이에 칸막이를 설치하고 스포트라이트 타입의 조명을 두는 게 좋습니다.

[침대 위에서 TV를 보고 싶다]

ITEM
· TV 보드

TV를 놓는다면 침대에서 보기 좋은 높이의 TV 보드가 필요합니다. 일반적으로 TV를 보기 편한 높이는 눈높이와 같거나 그보다 낮은 정도이므로 침대에 앉았을 때 눈높이에 맞춰 선택하세요. 위치는 침대 옆쪽이나 발밑이 보기 편합니다.

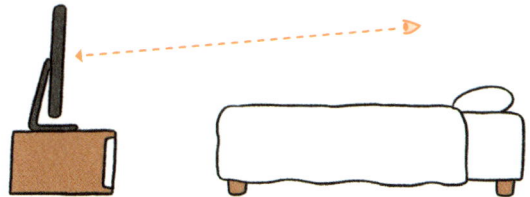

CASE 1

BED ROOM

BED ROOM
CASE 1
Misa's HOUSE

**편리한 정리 시스템과
안전한 수납이 중요**

아이의 침실은 블랙 앤 화이트 인테리어와 푸른색 벽지로 차분한 분위기를 냈어요. 바닥에 이불을 깔고 자는데, 높이가 있는 수납장은 사람 위로 넘어지거나 출입구를 막게 되는 곳을 피해 배치합니다. 무게가 있는 책은 낮은 선반에 들어갈 만큼만 두었어요.

아이가 정리할 수 있는 시스템을 만드는 것도 중요합니다. 꺼내기 쉬운 선반에는 자주 가지고 노는 1군 장난감만 모아두고, 2군 장난감은 옷장 안에 넣습니다. 한 번에 꺼낼 수 있는 장난감의 양을 조절하면 스스로 정리할 수 있어요.

ROOM DATA
Size 11.5㎡
Taste 북유럽풍 스타일

Misa's HOUSE

아이의 수납장은
기존 가구를 활용한다

아이의 물건은 해마다 바뀌므로 수납장은 기존 가구를 돌려씁니다. 이전에 학교 도구를 넣었던 검은 선반은 블록과 책을 보관하는 곳으로 변신.
흰 책장은 북엔드를 이용해 수납 공간을 늘렸습니다.

장식장에는
가벼운 물건만 둔다

벽에 설치한 선반도 이전에 거실에서 쓰던 것. 상단의 바구니와 캔에는 작은 블록과 피규어를 수납. 하단은 아이가 좋아하는 것을 자유롭게 꾸미는 공간입니다.

BED ROOM
CASE 2
Hanamori's HOUSE

료칸 객실 스타일
마음이 차분해지는 공간

침실은 료칸의 객실 같은 공간을 상상하며 만들었어요. 침대가 아니라 사실은 매트리스를 바닥에 놓은 것뿐이지만, 천정이 높지 않아 잘 어울리고 창문 높이와도 균형이 딱 맞습니다. 통기성이 좋지 않기 때문에 정기적으로 뒤집어 습기 관리를 하고 있어요.

집주인이 칠했다는 진한 녹색 벽과 원래부터 깔려 있던 브라운 카펫에 맞춰 침구도 차분한 색으로 골랐어요.

머리맡에는 좋아하는 향의 디퓨저와 향수, 좋아하는 액세서리를. 작은 놋쇠 램프는 독서하는 밤 시간에 요긴합니다.

ROOM DATA

Size   **9.9㎡**

Taste   일본 모던 스타일

1
**침대 옆에는
엄선한 애용품을**

아침에는 옷을 갈아입고 향수를 뿌리고 액세서리를 착용하고 몸단장을 마칩니다. 밤에는 부드러운 램프 불빛 아래에서 독서를 하는데, 집중이 더 잘되는 것 같아요.

2
**편리하고 심플한
벽장 수납**

벽장에는 봉이 부착되어 있으므로 구김이 잘 생기는 옷이나 길이가 긴 물건을 걸어서 수납해요. 서랍은 심플한 무인양품 제품을 애용 중입니다.

BED ROOM
CASE 3
chaco's HOUSE

비밀 기지 같은
개성적인 인테리어

저희 집 침실은 거실에서 사다리를 타고 올라가야 하는 로프트예요. 비밀 기지 같은 느낌이 들어 좋아하는 장소입니다.

인테리어는 아이 방처럼 재미있는 스타일로 꾸몄습니다. 여우 오브제를 주인공으로 쿠션과 침구의 색을 난색 계열로 통일. 짙은 색 목제 테이블 램프도 운치 있는 여우의 분위기에 맞춰 선택한 것.

침실 앞부분에는 책 놓을 공간을 만들었어요. 여기서 좋아하는 책을 골라 이불 위에서 혹은 거실의 아콜 의자에서 독서하는 시간이 제일 행복합니다.

ROOM DATA
Size   9.9㎡
Taste   믹스 스타일

① 높낮이 차이를 두어 균형 있게 배치

여러 개의 물건을 균형 있게 레이아웃하는 비결은 삼각형으로 배치하는 거예요. 위 사진의 경우 높이가 있는 램프를 꼭짓점으로 삼고 좌우의 여우와 쿠션으로 삼각형을 만들었어요.

② 좋아하는 책을 보관하는 공간

책을 두는 공간이 거실에서는 보이지 않으므로 좋아하는 책들을 무작위로 놓아두었어요. 물건이 많은 공간을 좋아해서 이렇게 나열하는 방식도 좋아합니다.

BED ROOM
CASE 4
Nana's HOUSE

인테리어와 조명으로 넓고 밝은 공간 만들기

개방감을 주고 싶었기 때문에 가구는 모두 키가 작고 다리가 달린 것으로 통일했어요. 햇볕이 잘 들지 않아 조금이라도 밝아 보이도록 베이스 컬러는 흰색과 베이지, 포인트 컬러는 노란색과 연두색으로 고른 것이 포인트예요.

인테리어는 곰 인형과 꽃 모티브를 많이 활용해 사랑스럽고 힐링을 느낄 수 있는 공간으로 만들었어요. 자연광이 들어오지 않는 만큼 조명에도 특별히 신경 썼어요. 좋아하는 소품을 둔 자리에 시선이 가도록 조명의 위치를 정했어요.

ROOM DATA
Size	9㎡
Taste	한국 스타일

모양이 다른 쿠션은
같은 계열의 색상으로 통일

쿠션은 모양이나 무늬가 달라도 같은 계열의 색으로 정리하면 통일감이 생겨 세련된 느낌을 줍니다. 계절에 맞는 컬러로 교체하는 것도 재미있어요.

귀여운 소품으로
생활감을 줄인다

생활감이 느껴지는 티슈는 동그란 그레이 케이스에 넣어 사용합니다. 인형 침대는 반려묘가 자기에 안성맞춤이에요.

밤 시간을 연출하는
조명 기구

귀여운 형태의 플리츠 램프와 꽃다발 같은 램프는 둘 다 좋아하는 제품. 선반 위의 소품과 양초를 비추는 위치에 놓았어요.

COLUMN : 3   FAVORITE LIGHTING

공간의 무드를 연출하는 조명 기구

분위기 조성에 없어서는 안되는 조명.
공간이 훨씬 멋스러워지는 조명을 소개합니다!

Item 1

곰 @arabesque0525

비눗방울처럼 사랑스럽고 개성 있는 디자인의 버블 램프는 물 쓰는 공간의 조명으로 안성맞춤. 화장실에서 사용하고 있어요.

Item 2

akane @akn.myhome

받침대를 변형해 스탠드로도 벽걸이로도 쓸 수 있는 플리츠 램프. 주변 인테리어에 따라 사용법의 폭이 넓어져요.

Item 3

aki @aki_egg_room

침실 조명은 너무 밝지 않은 것을 좋아합니다. 가랜드 라이트는 재미있게 레이아웃할 수 있고 적당한 밝기로 안정감을 줍니다.

Item 4

tomo @__to.m.ooo_____

다리에 책이나 태블릿 단말기를 놓을 수 있는 독특한 디자인에 반해 구입했어요. 취침 전 조명 아래서 독서하는 것이 루틴입니다.

CHAPTER 5

세면실 · 욕실 · 화장실

세면실 · 욕실 · 화장실 등의 공간을
새니터리(Sanitary)라고 합니다.
키워드는 청결과 기능성.
콤팩트한 공간을 효율적으로 활용하는
아이템 선택도 중요합니다.

세면실·욕실 화장실의 기본 포인트

세면실 · 욕실 · 화장실은 매일 사용할 뿐만 아니라 손님도 이용하는 곳. 청결을 유지할 수 있도록 불필요한 장식은 되도록 줄이고 기능적인 수납을 충실하게 하는 것이 중요합니다.

POINT 1

물건을 띄워서 깨끗함을 유지한다

물 쓰는 공간의 청소를 편하게 하려면 물건을 바닥에서 띄워 수납하세요. 예컨대 비누 용기나 컵, 목욕 의자 등을 물이 닿는 곳에 두면 바닥 미끈거림의 원인이 되고 청소할 때 옮기기도 귀찮습니다.

빨판이나 자석 달린 후크 등을 벽에 붙여 걸어 두면 꺼내 쓰기 쉽고 때가 잘 끼지 않습니다. 물건의 색을 통일하거나 심플하고 스타일리시한 디자인을 선택하면 깔끔합니다.

벽면에 붙이는 타입의 디스펜서 홀더. 장착한 상태에서 펌프를 누를 수 있어 편리합니다. 심플한 디자인이라 어떤 공간이든 잘 어울립니다.

필름 훅 디스펜서 홀더
타워 / 야마자키 실업

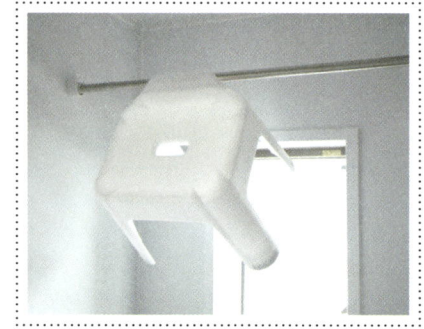

욕실의 빨래 건조대나 수건걸이에 걸어 건조시키는 목욕 의자. 일반적인 욕실 카운터에 적합한 30cm 높이라 앉기 편하며 목욕 시간을 여유롭게 보낼 수 있어요.

걸이식 목욕 의자
타워 SH30 / 야마자키 실업

POINT 2

소품 수납은 바구니가 편리

밖으로 꺼내 놓기 망설여지는 물건이나 어수선해 보이는 소품류 수납에는 바구니를 활용하세요. 자연 소재이므로 깔끔한 공간과 잘 어울리며 가볍고 꺼내 쓰기 쉬운 것도 매력입니다. 사용하는 사람별 또는 용도별로 내용물을 정리하면 어수선하지 않고 관리도 편해집니다.

바구니에 빨래망을 정리해 넣고 세탁기 근처 선반에 수납. 뚜껑이 없으므로 넣고 빼기 편해서 집안일 효율도 올라갑니다.

by Misa (P.92)

수건은 말아서 탈의실 바구니에 보관합니다. 세탁 후 수납하기도 쉽고 꺼내 쓰기도 간단. 수건의 종류를 통일하면 꺼내 놓아도 정돈되어 보입니다.

by chaco (P.97)

POINT 3

포인트 벽지나 타일 씰로 DIY

심플한 공간에 개성을 넣고 싶다면 포인트 벽지나 타일 씰을 사용해 보세요. 화장실이나 세면대 주변의 벽은 면적이 좁아 초보자도 쉽게 할 수 있습니다. 물이 닿는 장소라면 방수가 되는 것을 선택하세요.
흰 벽의 일부에 짙은 색이나 무늬로 포인트를 주거나 세면대에 산뜻한 컬러의 타일을 붙이면 좋습니다. 매일 보는 장소이므로 실용성뿐 아니라 외관상 느낌도 중요합니다.

SANITARY ROOM
CASE 1
Misa's HOUSE

깔끔하고 기능적으로 청소의 편리성이 최우선

물 쓰는 공간은 청소하기 쉽도록 물건을 최소화하고 가능하면 바닥에서 띄워 수납하는 것이 포인트.

깔끔해 보이도록 샴푸류는 하얗고 심플한 병에 바꿔 담습니다. 수건은 꺼내기 쉽게 문 없는 선반에 수납. 같은 것으로 통일하면 눈에 보여도 어수선한 인상을 주지 않습니다. 자연 소재 바구니는 내추럴한 분위기로 청결한 느낌의 새니터리와 잘 어울립니다.

화장실도 수납 제품은 흰색으로 통일. 북유럽제 생지로 패브릭 패널을 만들어 눈에 잘 띄는 곳에 포인트로 설치했어요.

1
세탁용품은 내용물이 보이지 않는 바구니에 수납

빨래할 때 사용하는 빨래망 등 자잘한 물건은 바구니에 넣어 외관상 깔끔하게. 인조 식물은 새니터리에 산뜻함을 더해주는 추천 아이템입니다.

곰팡이와 물때 예방을 위해 걸어 두는 물건

목욕 의자와 청소용 브러시는 바에 걸 수 있는 제품을 사용. 보틀 랙이나 스퀴지는 벽에 자석으로 붙였습니다. 잘 말라서 위생적입니다.

생필품은 공간 절약과 재해 대비도 고려

화장지는 3겹 제품을 선택하면 적은 공간에 많은 양을 저장할 수 있습니다. 재해 시에 사용하는 간이 화장실도 비상용 화장지와 별도로 보관해 두었습니다.

CASE 2

SANITARY ROOM
CASE 2
Hanamori's HOUSE

**꺼내놓아도 예쁜 디자인의
일용품을 고른다**

머스터드 컬러의 복고풍 벽지와 둥근 거울이 마음에 드는 세면실. 매일 사용하는 칫솔이나 치약은 모두 꺼내 놓고 쓰는 물건이라 차분한 컬러로 구비하면 깔끔한 인상을 줍니다.

핸드솝을 고를 때는 용기를 교체하지 않아도 되도록 디자인을 중시합니다.

세면대와 세탁기 사이에는 슬림한 스테인리스 선반을 놓고 상단에는 스킨케어용품을, 하단에는 세탁에 사용하는 제품을 모아두었습니다.

욕실 입구 근처에는 DIY로 선반을 설치해서 수건을 수납. 사용한 수건을 거는 바도 달았습니다.

1. 일용품은 정리하지 않아도 되는 최소한의 양으로

일용품은 꺼내놓아도 방해가 되지 않을 만큼의 양으로 줄입니다. 랙은 서랍식으로 안쪽에는 여분의 비축품을, 앞쪽에는 자주 사용하는 물건을 넣습니다.

2. 용도와 상황에 맞게 DIY

수건은 무늬가 없는 것으로 통일하여 바로 꺼낼 수 있도록 DIY로 설치한 선반 위에 둡니다. 선반널은 수건을 놓아도 방해가 되지 않는 크기로 자르고, 너무 새것처럼 보이지 않도록 약간의 색을 입혔어요.

3. 정돈된 느낌을 주는 물건 선택의 포인트

물건의 양을 줄이기 위해 메이크업까지 동시에 지울 수 있는 세안제 같은 다기능 제품을 사용하거나 부부가 같은 제품을 공유합니다. 샴푸류도 별도 용기에 바꿔 담지 않고 처음부터 용기 디자인이 예쁜 제품을 구입해요.

CASE 3

SANITARY ROOM
CASE 3

chaco's HOUSE

**흰색 바탕 공간에
통통 튀는 디자인을 더한다**

세면실은 집안일 하기 편한 동선을 중시했습니다. 세탁한 것을 바로 말릴 수 있도록 세탁기 앞에 건조 공간을 설치했어요. 가까운 곳에 드레스룸이 있으므로 말린 빨래를 그대로 걸 수 있어요. 세탁·건조·정리가 세 걸음 정도만 이동하면 해결되니 매일 하는 세탁이 힘들지 않아요.

청결한 느낌을 주는 공간으로 만들기 위해 인테리어는 흰색과 자연 소재의 바구니로 통일. 컬러가 없는 대신 물건의 디자인을 사각과 동그라미로 맞춰 발랄한 분위기를 연출했어요.

수납 공간이 적기 때문에 일용품의 수는 최대한 줄이고 꺼내 놓아도 예쁘게 보이는 것들을 선택합니다.

귀여운 디자인과
기능성을 중시

사각 세면대에는 둥근 거울과 조명을 설치. 세정제 용기도 원형으로 골랐어요. 거울은 수납장 역할도 겸하고 있어 최소한의 스킨 케어용품을 넣어 쓰고 있어요.

정돈과 사용도 편리하게
심플한 수건 수납

수건은 건조 공간 아래에 수납합니다. 마른 수건을 원통형으로 말아서 바구니에 꽂기만 하면 되니 간편해요. 수건의 색은 흰색과 회색으로 통일했어요.

여유롭게 쓸 수 있는
욕실

목욕을 좋아해서 욕실은 특별히 신경 썼어요. 샤워헤드는 인터넷에서 찾은 물건. 목제 욕조 트레이에 음료 등을 놓고 즐깁니다.

(97)

SANITARY ROOM
CASE 4
Nana's HOUSE

공간을 효율적으로 활용해 예쁘고 편리하게

물건이 많은 세면실은 공간을 효율적으로 활용하는 아이디어로 수납을 늘렸어요. 수건과 세제는 건조기 위에 설치한 선반 위에. 좋아하는 화장품은 세면대와 벽의 좁은 틈새에 꼭 맞는 랙에 수납합니다.

사용하는 곳 근처에 수납장소를 마련해 쓰기 편하고 정리하기 쉽게 만드는 것이 핵심이에요.

화장실은 기존의 베이지색 벽지에 맞춰 따뜻한 색 패브릭이나 목재를 중심으로 코디. 바닥에는 헤링본 쿠션 플로어를 깔고, 문을 열었을 때 오른쪽 벽에는 노란 꽃무늬 포인트 벽지를 붙였어요.

**내추럴한 색과 소재로
산뜻하게**

수건은 회색으로 통일하고 세제와 섬유유연제는 예쁜 병에 바꿔 담았어요. 나뭇결무늬 손잡이, 천연소재 바구니, 인조 식물로 산뜻한 분위기를 연출했어요.

 **쓰기 편하고
디자인도 깔끔**

슬림한 랙은 서랍형이라 내용물을 가릴 수 있고 사용하기도 편리해 마음에 들어요. 화장품은 여기에 수납할 만큼의 양을 유지하는 것이 저만의 규칙입니다.

 **부드러운 소재감과
색으로 통일**

휴지 걸이는 원목으로 교체했어요. 동그란 거울도 목제 테두리가 있는 것으로 선택. 작은 공간이라 통일감을 중시했어요.

COLUMN : 4   WALL DECORATION IDEAS

포인트가 되는 월 데코의 비결

벽을 장식하고 즐기는 '월 데코'.
레이아웃 요령과 벽을 손상시키지 않는 법을 소개합니다.

Idea 1

aki
@aki_egg_room

정돈되지 않은 분위기를 좋아하기 때문에 선반에 장식한 소품과 가랜드에 겹치지 않게 무작위로 월 데코를 레이아웃했어요.

MEMO

벽에 구멍을 뚫지 않는 방법

전용 접착제로 붙이는 '벽지용 후크'나 마스킹 테이프 등을 사용하면 벽에 구멍을 뚫지 않고도 월 데코를 즐길 수 있습니다.

Idea 2

곰
@arabesque0525

침실에 붙인 것은 폴라로이드로 찍은 일상 사진. 사진끼리 가로 세로의 높이를 맞추면 밸런스를 잡기 쉽고 붙이는 양을 늘릴 때도 편합니다.

Idea 3

akane   @akn.myhome

발포 우레탄 폼을 이용해 우드 액자를 부드러운 질감으로 리메이크. 존재감이 강해져 포스터와 랙의 조화가 더 좋아졌어요.

CHAPTER 6

현관 · 복도

긴 시간을 보내는 장소는 아니지만
외출 전이나 귀가했을 때 보이는 모습이
생각보다 중요합니다.
언제나 기분 좋고 힐링할 수 있는
공간으로 만들어 보세요.

현관·복도의 기본 포인트

방문객의 눈에 가장 먼저 띄는 현관이나 복도는 바로 '집의 얼굴'이라고 할 수 있습니다. 공간이 넓지 않은 경우도 많으니 깔끔함을 유지하면서 원 포인트로 나만의 개성을 더해보세요.

POINT 1

최소한의 물건만 꺼내 놓기

현관은 머무는 시간이 짧기 때문에 물건을 꺼내 놓은 상태로 지내기 쉽습니다. 우산이나 신발은 사용 후 즉시 정리하는 습관을 들여 최대한 생활감이 드러나지 않도록 유의하세요. 외출 시 필요한 열쇠나 마스크 등 자잘한 물건은 바구니나 케이스에 담아 눈에 띄는 곳에 두면 바쁜 아침에도 손쉽게 이용할 수 있습니다.

공간에 여유가 있다면 포인트로 관엽식물이나 꽃·그림·소품 등을 장식해 보세요. 공간의 매력이 한층 높아집니다.

✓ CHECK POINT

바닥에 꺼내 놓는 일용품은 최소한으로
신발이나 우산 등의 일용품은 되도록 밖에서 보이지 않도록 수납합니다. 한정된 공간에 들어갈 수 있도록 양을 조절하는 것도 중요합니다.

원 포인트 소품으로 개성을 더한다
심플한 공간에 개성 있는 디자인의 소품이나 그림, 선명한 색의 꽃이나 식물을 두면 시선이 그곳에 집중되어 인상에 남습니다.

POINT 2

공간을 넓어 보이게 하는 컬러와 인테리어

콤팩트한 현관 · 복도가 개방적으로 보이려면 '컬러'와 '안길이'가 중요합니다. 빨강 · 오렌지 · 노랑 등의 난색과 흰색은 팽창색이라 실제보다 커 보이는 효과가 있습니다. 그래서 현관 · 복도의 벽과 바닥을 팽창색으로 만들면 실제 면적보다 넓게 느껴집니다. 시각적인 안길이를 만들기 위해서는 거울과 장식장이 효과적. 거울은 공간을 비춰 넓게 느껴지게 만들고 장식 선반은 좁은 복도에 설치하기 쉬워 공간에 입체감이 생깁니다.

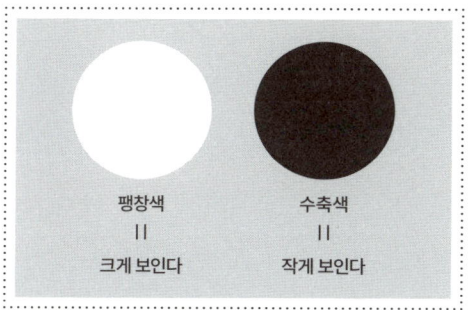

팽창색으로 압박감을 줄인다

팽창색의 반대는 수축색이라고 하며 파랑 등의 한색과 검정이 이에 해당합니다. 넓어 보이려면 공간 속의 팽창색 비율을 늘리세요.

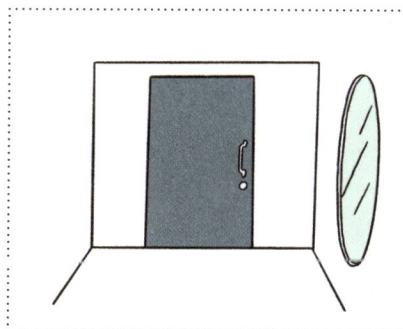

거울을 이용해 넓어 보이게 만든다

시각적인 효과뿐 아니라 조명을 반사해 밝아 보이고 외출 전 옷차림을 체크 하는 등 실용성이 높다는 점도 거울의 매력입니다.

장식 선반으로 입체감을 준다

복도 끝에 장식 선반을 설치해 소품을 두면 공간이 입체적으로 보이고 공간에 깊이감이 생깁니다. 그림 액자를 장식하는 것도 효과적입니다.

ENTRANCE HALL
CASE 1

Misa's HOUSE

편리한 아이디어가 가득한 공간

현관이 작은 편이라 신발이나 우산을 꺼내 놓지 않는 것이 저희 집 규칙이에요. 전신 거울은 아침에 옷차림을 체크할 때 유용한 것은 물론이고, 공간을 넓고 밝아 보이게 하는 효과도 있어 일석이조입니다.

벽과 바닥의 컬러는 입주 시 그대로지만 흰색으로 통일되어 있어 압박감이 덜해요.

현관과 거실을 잇는 복도도 폭이 좁기 때문에 장식은 최소한으로. 현관 근처에 접이식 후크를 달아 목제 장식을 걸었어요. 유사시 피난 경로이기도 하므로 복도 수납공간에는 여분의 일용품 외에 방재용품도 보관하고 있어요.

 **자주 쓰는 것은
꺼내기 쉽게**

2개의 복도 수납장은 문을 하나 없애고 그 안에 자주 쓰는 물건을 넣었어요. 수납 박스는 모두 흰색으로 통일해 깔끔하게 보이도록 한 것이 포인트.

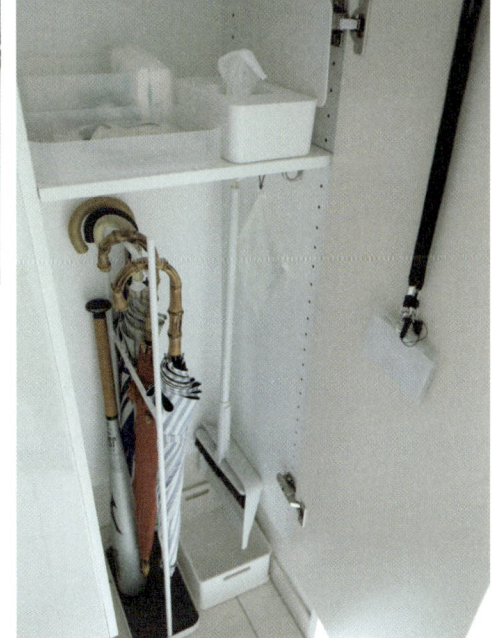

 **밖에서 쓰는 물건은
현관에 수납**

신발장에는 청소 도구와 손수건·티슈·마스크 등 외출 시 필요한 물건을 준비해둡니다. 글로브 넣는 자리도 만들었어요.

CASE 2

ENTRANCE HALL
CASE 2

Hanamori's HOUSE

오래된 물건이 주는 안정감과
제철 식물로 힐링

오래된 목제 문과 금속 손잡이, 차분한 빛이 들어오는 유리가 예쁜 현관. 현관문의 컬러와 질감에 어울리는 빈티지 가구를 찾아다니다가 사이즈까지 딱 맞는 신발장을 만나게 됐어요.

그 옆에 벚꽃이나 단풍 철쭉 같은 제철 식물을 놓고 보면 외출 전이나 귀가할 때 힐링이 된답니다.

현관 옆 창가에는 양초와 말린 식물, 진한 컬러의 목제 캔들 스탠드를 놓아 매트한 질감과 수수한 컬러로 맞췄어요. 옛날 집의 고즈넉한 분위기에 잘 어울리는지를 기준으로 인테리어를 골랐어요.

(106)

1
**섬세한 장식이 사랑스러운
복고풍 신발장**

나무의 컬러와 질감, 문과 손잡이의 섬세한 장식이 사랑스러운 신발장. 골동품 판매 사이트에서 발견하고는 당장 달려가서 구입했어요.

신발장 위는 지갑과 열쇠를 두는 곳. 디퓨저와 좋아하는 소품도 진열했어요.

2
**소품은 리듬감을
살려 배치**

소품이 담담하게 진열되어 있는 모습을 좋아해서 창가 레이아웃도 똑바르고 균등하게. 이 리듬감이 공간의 고요함과 어우러져 안정감을 주는 것 같아요.

ENTRANCE HALL
CASE 3

chaco's HOUSE

현관도 방이라 생각하고 코디를 즐긴다

저희 집 현관은 2층 주거 공간에서 계단을 내려가면 나옵니다. 넓이는 봉당까지 합쳐서 13㎡ 정도. 현관을 드나드는 장소로만 쓰기에는 아깝다는 생각이 들어서 공간을 넓게 확보해 겉옷을 넣는 옷장과 반려동물의 방을 만들었어요.

밝은색 목재와 흰색 회반죽 벽의 내추럴한 분위기에 맞춰 인테리어도 자연 소재의 바구니와 목재로 통일하고 포인트로 관엽식물을 두었습니다.

봉당의 기둥은 DIY로 판자를 붙여 캣타워로 쓰고 있어요. 볕이 잘 드는 창가의 작은 라탄 의자는 볕바라기를 할 수 있는 특등석입니다.

1
**실용성은 물론
소품을 장식하는 장소로도**

앤티크 월 행거는 가방과 상의를 걸고 소품을 장식하는 곳으로 쓰고 있어요. 오른쪽에서 두 번째에 있는 작은 바구니에는 마스크를 넣어 둡니다.

2
**벽면에 수납하여
손님에게는 보이지 않도록**

봉당의 벽 일부를 안으로 파서 반려동물의 화장실 보관소로 이용해요. 화장실은 인테리어와 잘 어울리도록 흰색의 심플한 제품으로 골랐어요.

3
**소품숍처럼 보여주는
수납을 즐긴다**

현관을 올라서면 자주 사용하는 신발이나 액세서리 등을 두는 선반이 있어요. 바구니와 소품으로 장식해 소품숍처럼 진열했어요.

(109)

ENTRANCE HALL
CASE 4
Nana's HOUSE

밝은 컬러와 편리한 제품으로 세련되고 깔끔하게

현관은 흰색이나 크림색의 내추럴 컬러와 나뭇결 무늬 인테리어로 통일했습니다. 좁은 공간이라서 밝은색을 사용해 시각적으로 넓게 느껴지도록 연구했어요. 우산꽂이와 구둣주걱 등 둘 곳이 마땅치 않은 것은 모두 마그넷을 이용해 문에 붙였어요.

현관에 들어서면 제일 먼저 눈에 들어오는 복도에 화분 받침대와 좋아하는 포스터를 액자에 넣어 장식했어요.

고양이가 밖으로 나가는 것을 방지하는 펜스도 공간의 분위기에 맞게 나뭇결 무늬 제품으로 선택. 현관 매트는 곡선의 실루엣과 옅은 색감이 마음에 들어요.

**2 편리한 제품으로
수납력을 높인다**

신발장 안은 한 켤레 분의 공간에 두 켤레를 넣을 수 있는 제품을 사용해요. 수납력이 좋아지고 꺼내기도 쉽습니다.

**1 외출 시 필수품은
자석으로 문에 부착**

열쇠 케이스와 마스크 수납함은 외출 시 잊어버리지 않도록 눈에 잘 보이는 문에 자석으로 붙였어요. 이것도 흰색과 나뭇결 무늬가 조합된 제품이에요.

**3 세로 공간을 활용해
세련되게 꾸민다**

모서리에 놓으면 딱 좋은 화분 받침대는 공간을 입체적으로 사용할 수 있어 존재만으로도 세련된 느낌을 주는 아이템.
장식하는 물건 사이즈도 위에서부터 대중소로 차이를 두어 균형감을 맞추려고 노력했어요.

COLUMN : 5 　　BEST ITEMS

인테리어를 좋아하는 사람들의 '사길 잘했다는 물건'

신경 써 고른 것들 중에서도 특별히 더 '애착'이 가는
인테리어가 무엇인지 물었습니다.

Item 1

곰
@arabesque0525

주문 제작한 소파(SWITCH). 평소 꿈꾸던 코듀로이 소재의 L자형 소파인데, 암 테이블까지 달려있어 편안함과 편리함이 최고예요.

Item 2

akane
@akn.myhome

플랜트 박스(ferm LIVING). 관엽식물뿐 아니라 소품 등 무엇을 장식하든 귀여워지는 마법의 장소예요.

Item 3

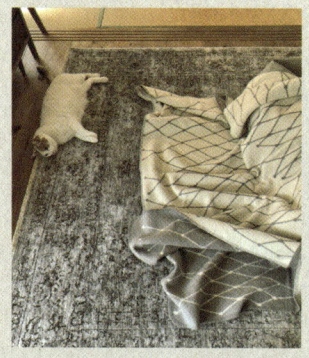

Kaori
@hibiiro

코튼 블랭킷(bastisRIKE). 심플한 무늬와 넉넉한 사이즈가 마음에 들어요. 가족끼리 다같이 담요를 덮고 영화 보는 시간이 행복합니다.

Item 4

aki
@aki_egg_room

OLD ASHIBA 시리즈의 책상(WOODPRO). 생활에 적당한 사이즈로 주문했어요. 나뭇결 질감이 부드러워 자꾸만 만지고 싶어져요.

CHAPTER 7

워크 스페이스

책상을 두는 최적의 장소와 크기는
실제로 작업을 해봐야 알 수 있습니다.
다양하게 시도해보면서
나에게 꼭 알맞은 작업 공간을 만들어 보세요.

워크 스페이스의 기본 포인트

재택 근무가 늘면서 훨씬 중요해진 워크 스페이스. 집중해서 일에 몰두하려면 환경 조성이 중요합니다. 워크 스페이스에 필요한 가구와 공간을 만드는 방법을 소개합니다.

POINT 1

편리한 가구를 구비한다

워크 스페이스에 필요한 가구는 책상, 의자, 자료나 문구를 넣어두는 책장 등의 수납 공간입니다. 새로 구입하기 전 사용 기간을 먼저 생각해 보세요. 만일 재택근무가 일시적이라면 가지고 있는 가구로 대체할 수 있는지 검토합니다.

가구를 추가로 구매하는 경우에도 접이식으로 콤팩트하게 수납할 수 있는 것이 편리합니다. 장기적으로 재택근무를 한다면 사용했을 때 편리하고 편안한 제품을 신경 써 준비하세요. 일하고 싶은 마음이 생길거예요.

[책상 · 의자]

책상의 크기는 큰 컴퓨터를 사용하는 경우, 안길이 70cm × 너비 120cm 정도면 작업하기 편합니다. 소형 PC로 메일 체크나 자료 열람 및 작성만 하는 경우라면 60cm × 100cm 정도로도 쾌적하게 작업할 수 있습니다.
의자는 장시간 앉을 경우, 높이 조절과 리클라이닝 기능이 있는 것을 추천합니다. 소재의 통기성과 좌면의 쿠션도 확인해보고 구입하세요.

[책장 (수납장)]

업무상 쓰는 자료에 알맞은 높이와 안길이를 고릅니다. 가지고 있는 수납장을 정리해 자료용 책장으로 쓰거나 북앤드로 책상 위에 공간을 마련하는 것도 좋습니다.
문구류는 컬러풀한 제품이 많으므로 내용물이 보이지 않는 통에 보관하면 깔끔합니다. 여유가 있다면 좋아하는 향이나 관엽식물 등 힐링 아이템도 놓아보세요.

> POINT 2

공간을 효율적으로 활용한다

워크 스페이스는 전용 공간을 마련하지 않아도 만들 수 있습니다. 육아나 집안일을 하면서 작업을 하고 싶다면 거실·다이닝룸의 한쪽을 이용하는 것이 효율적. 확실하게 집중하고 싶다면 벽장을 개방해 워크 스페이스로 만드는 방법이 있습니다. 벽장은 중간판을 책상으로 활용하면 좋아요. 벽으로 둘러싸여 있어 집중하기 쉽고 사용하지 않을 때는 문을 닫아 숨길 수 있다는 장점이 있습니다.

거실·다이닝룸에 설치

Photo by 곰 (P.112)

책상을 벽 쪽으로 보게 놓으면 집의 상태를 감지하면서도 집중해서 작업할 수 있습니다. 식탁을 활용할 때는 바퀴 달린 랙을 준비해 자료나 문구를 정리한다면 작업 중에 꺼내기 쉽고 정리도 간편합니다.

수납 공간에 설치

Photo by tomo (P.56)

벽장의 중간판은 일반적인 책상보다 약간 높은 위치에 있으므로 의자 선택에 주의가 필요합니다. 크기에 맞는 책상이 없다면 같은 높이의 수납장 2개를 나란히 놓고 그 위에 판을 얹어 간이 책상으로 활용할 수 있습니다.

MEMO | 휴식 아이템으로 일의 능률을 올린다

책상 근처에 좋아하는 엽서와 포스터를 장식하거나 디퓨저와 핸드크림 등을 준비해두면 잠깐의 휴식을 취할 수 있어 즐겁게 일하게 됩니다.

(115)

WORK SPACE
CASE 1
Misa's HOUSE

접어 보관하고 이동도 간단
생활에 맞춰 유연하게

집에서 일하는 시간이 늘어나면서 거실 한쪽에 워크 스페이스를 만들었습니다. 책상은 디자인에 신경 쓰고 싶었지만 거실에 두면 방해가 되지 않을까 걱정이 되어 일단 시험 삼아 쓰지 않을 때는 접어서 수납할 수 있는 저렴한 제품을 구입했어요.

주방에 설치해보니 주방 카운터의 단차가 컴퓨터를 두기에 꼭 맞아 책상 위에 키보드를 놓고 쓰고 있습니다. 시선을 내리지 않아도 되므로 등이 굽는 것을 방지할 수 있어요. 책상이 가벼워서 손쉽게 옮길 수 있다는 점도 가구 재배치를 좋아하는 저에게 안성맞춤입니다.

**한눈에 물건의 위치를
파악할 수 있어 효율적**

정면 벽에는 유공 보드를 설치해 달력과 자잘한 문구류를 걸었어요. 클립으로 수첩을 펴서 고정해두면 일정 확인이 수월해져요.

**기능적이고 공간이 절약되는
책상 주변 수납**

태블릿은 북엔드에 세워서 수납. 슬림한 서랍함은 필기도구를 보관하기에 편리합니다. 그 위의 상자는 쓰레기통으로 쓰고 있어요.

WORK SPACE
CASE 2
Hanamori's HOUSE

외국 아틀리에 같은 여유로운 공간을 꿈꾸며

집 안에서 햇볕이 가장 잘 드는 방이 저의 워크 스페이스입니다. 밝은 곳에서 일하고 싶었기 때문에 빛을 차단하는 커튼은 치지 않았고, 대신에 멀티크로스를 클립으로 고정해 사용하고 있어요.

혼자 살 때 쓰던 식탁을 책상으로 이용하고 있는데, 상판이 하얗고 사이즈가 좀 더 큰 것을 물색 중이에요. 외국 아틀리에처럼 호화롭고 넓은 책상에서 작업하는 게 꿈이거든요.

책상 램프는 좋아하는 디자이너가 쓰는 제품을 따라 샀어요. 긴 시간을 보내는 방이니만큼 하나 하나 평소 꿈꾸던 것을 이루고 싶어요.

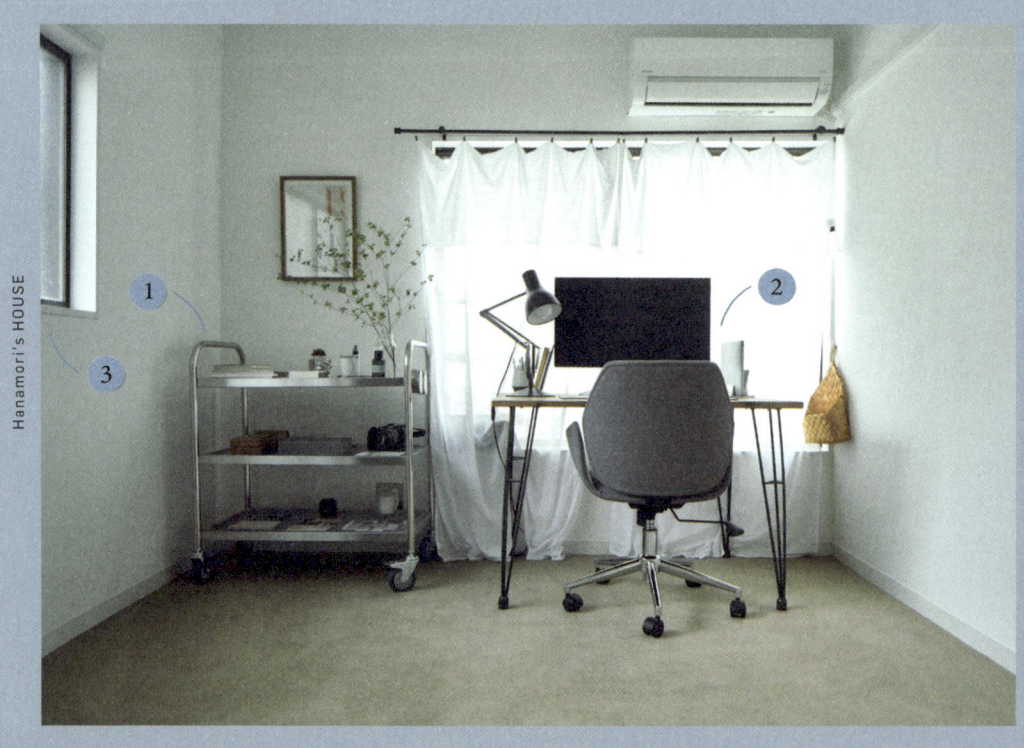

윗칸은 좋아하는 물건을 장식하는 공간. 중간 칸의 상자 안에는 문구류를 넣어 깔끔하게 보관하고 있어요.

주방 왜건을
책상 옆 수납공간으로

사이드 선반으로 사용하는 것은 업무용 주방 왜건. 본래 용도와는 맞지 않지만 메탈릭한 소재감과 크기, 모양이 마음에 들어요.

책상 위는 미니멀하게
업무 효율을 높여주는 아이디어

전자기기는 실버로 통일해서 깔끔하게. 모니터 밑에 있는 '열심히 일하자 BOX'에는 향이 좋은 핸드크림 등 휴식용 굿즈를 넣어 두었어요.

미용에 더 신경 쓰게 되는
창가 화장대

재택근무를 하더라도 일하기 전에 가벼운 메이크업을 하기 때문에 창가에 놋쇠 거울과 화장품을 두었어요. 자연광에 피부 상태가 잘 보이기 때문에 예전보다 미용에 더 신경 쓰게 됐어요.

WORK SPACE
CASE 3
chaco's HOUSE

스타일을 초월해 즐기는 자유로운 인테리어

작곡을 위해 부부가 함께 쓰는 워크 스페이스. 거실에 있는 책상에서 남편이 편집 작업을 하고, 저는 주로 다이닝룸에서 작사를 합니다.

책상은 식탁용으로 산 것인데 작은 서랍 속에 문구류를 보관하고 있어요. 앤티크 목재의 질감과 짙은 색이 거실 가구와도 잘 어울려요.

워크 스페이스 근처에는 박쥐란이라는 관엽식물과 갈런드를 걸어 즐거운 분위기로. 배선은 어수선하지 않도록 책상 아래 바구니에 넣어 정리했어요.

뒤태가 더 예쁜 의자

책상과 의자는 따로 구매한 것인데, 컬러와 소재감이 찰떡궁합이에요. 등받이 디자인이 마음에 들어 거실에서 보이도록 배치한 게 신의 한 수였어요.

미스매치를 즐기는 개성적인 공간

작업 중에 보면 기운이 나는 새 오브제. 시크한 찻집 분위기의 거실에는 어울리지 않지만 미스매치한 느낌이 반대로 재미있어서 애정이 생겨요.

COLUMN : 6 WORK SPACE IDEAS

의욕을 높여주는 워크 스페이스 만드는 법

집에서 일하다 보면 집중력이 쉽게 흐트러지기 마련.
효율을 높여주는 워크 스페이스의 포인트를 소개합니다.

Point 1

aki
@ aki_egg_room

집중하기 위해 다른 공간보다 물건을 줄였어요. 지구본과 무지개 네온관 등 좋아하는 물건을 놓아 기분 전환을 할 수 있도록 아이디어를 냈어요.

Point 2

Yasu
@ yasuoromen

세로 방향으로 정리하려고 노력해 편의성을 높였어요. 일하는 중에도 바깥 경치를 느낄 수 있도록 자연을 담은 그림을 걸었어요.

Point 3

곰
@ arabesque0525

유공 보드와 수납형 조명으로 기능성과 깔끔함을 동시에 확보. 보드에는 가계부와 문구류를 걸어두어 손만 뻗으면 쉽게 쓸 수 있어요.

Point 4

kaori   @ hibiiro

손이 쉽게 닿는 장식장 하단에는 자주 사용하는 실용적인 물건을, 상단에는 나무·유리·흰색·검정색·쇠로 통일한 소품을 장식했어요.

MESSAGE

삶을 즐기며 살아가는 그녀들이 보내온
집 꾸미기에 대한 조언

MESSAGE from
Misa

가족과 사는 집이므로 모두에게 편안한 공간이 되는 게 최고라고 생각합니다. 집을 꾸미는 과정에서 가족에게 의견을 묻고 함께 진행하면 즐겁기도 하고, 소통의 좋은 기회가 되기도 합니다.
시행착오를 반복하며 집과 가족이 함께 나이를 먹는 게 이상적인 것 같아요.
자기 마음에 관심을 가지고 취향을 알아나가는 것도 중요합니다. 뭔가를 보고 마음이 움직일 때 '나는 어디에 설렜는가'를 깊이 생각해 보면 좋아요.

MESSAGE from
Hanamori

아이템의 가격이나 인기와 상관없이 가지고 있으면 마음이 편안해지는 것들을 모아 가면 자연스럽게 편안한 공간이 됩니다.
자신이 좋아하는 것이나 신경 쓰는 것이 무엇인지 찾고 싶다면 정기적으로 '미니멀라이프'를 실천해보세요.
계절별로라도 좋으니 인테리어나 옷을 '좋아하는 것'과 '그렇지 않은 것'으로 나누어 봅니다. 조금씩 변하는 자신의 취향과 가치관에 따라 즐겁게 집을 꾸며보세요.

MESSAGE from
chaco

인테리어 숍에서 봤을 때는 '예쁘다!'라고 생각했는데, 집에 놓고 보니 뭔가 어울리지 않아서 난처했던 적이 여러 번 있었어요.
집을 꾸밀 때 중요한 것은 어떤 분위기의 장소에서 어떤 식으로 지내고 싶은지 이미지를 키워나가는 것입니다. 단일 소품으로는 예쁘지만, 공간의 이미지와도 잘 어울릴까? 한 번쯤 멈추고 생각하는 것이 이상적인 집을 실현하는 지름길 아닐까요?

MESSAGE from
Nana

통일감 있는 코디를 목표로 한다면 인스타그램에서 게시물을 많이 보고 자신의 취향을 파악하는 것이 첫 번째 할 일입니다.
그런 다음 '연한 컬러'나 '나뭇결 무늬', '둥근 형태' 같은 구체적인 키워드를 정하고, 원하는 물건이 원하는 스타일과 어울리는지 판단하세요.
물건을 고르는 기준이 생기면 브랜드에 구애받지 않고 인테리어의 조합을 자유롭게 즐기며 자기만의 특별한 공간을 만들 수 있어요.

RECOMMEND SHOP LIST

마음에 드는 물건을 살 수 있는 가게 리스트

집 꾸미기에 관심 많은 이들이 추천하는
멋진 인테리어를 만날 수 있는 가게를 소개합니다.

❶
한국 인테리어를 좋아하는 사람은 체크 필수!
Little Rooms

> RECOMMENDED by akane
>
> 한국 브랜드의 신상품이 속속 출시되므로 항상 체크하고 있어요. '한국 × 북유럽 인테리어'를 좋아하는 분들에게 추천합니다.
>
> 📷 @akn.myhome

DATA:
https://littlerooms.jp

❷
주문 제작도 가능한 생활 밀착형 가게
WOODPRO

> RECOMMENDED by aki
>
> 목재로만 제작된 가구를 찾아 헤매다 발견한 고재(古材) 상품 취급점. 책상과 TV 보드를 주문해 애용하고 있어요.
>
> 📷 @aki_egg_room

DATA:
https://www.woodpro21.com/
히로시마 현 하츠카이치 시 토게 245-33
☎0829-74-3714 (平日8:00〜17:00)
※Web을 통한 주문과 메일은 24시간 접수

❸
심플하고 질 좋은 인테리어가 가득
無印良品

> RECOMMENDED by tomo
>
> 대형 가구를 살 때는 꼭 체크합니다. 목재를 사용한 심플한 디자인이라 질리지 않고 오래 사용할 수 있어요.
>
> 📷 @__to.m.ooo_____

DATA:
https://www.muji.com/jp/ja/store
도쿄도 주오구 긴자 3-3-5
☎03-3538-1311
11:00〜21:00

❹
기능적이고 세련된 북유럽 소품이 풍부
scope

> RECOMMENDED by kaori
>
> 첫눈에 반하게 되는 물건을 만날 수 있는 가게입니다. 무심코 물건을 사버릴 때도 있고, 이미 가지고 있지만 더 사고 싶어지는 물건도 많아요.
>
> 📷 @hibiiro

DATA:
https://www.scope.ne.jp/

❺

노르딕 라이프 스타일을 제안하는 가게
이노메싸

DATA:
https://innometsa.com
서울시 서초구 양재천로 127 이노메싸 빌딩
☎02-3463 7752
월-금 10:00-19:00, 토·일 11:00–17:00

❻

다양한 수입 가구 편집샵
비블리오떼끄

DATA:
https://bibliotheque.co.kr
광주시 서구 무진대로 974
☎062-351-9966
월-토 11:00-19:00 (일 휴무)

❼

북유럽 리빙 디자인 스토어
루밍

DATA:
https://www.rooming.co.kr
서울시 서초구 명달로 95, NK 빌딩
☎02-6408-6700
월-일 10:30-19:00

❽

가리모쿠 공식 판매점
리모드

DATA:
http://www.remod.co.kr/
서울시 강남구 삼성동 115-1 1F
☎02-2051-9888
월-금 10:00-19:00, 토일 11:00-18:00

❾

프리미엄 라이프 스타일 편집샵
콘란샵

DATA:
https://www.conranshop.kr/
서울시 강남구 도곡로 401 1층, 2층
☎02-531-2591
월-목 10:30-20:00, 금-일 10:30-20:30

❿

감성 패브릭 + 컬러풀한 라이프스타일 샵
스티치치

DATA:
https://stitchichi.com

⓫

북유럽 최대 리빙 인테리어 몰
노르딕네스트

DATA:
https://www.nordicnest.kr

⓬

트렌디한 라이프 리빙 샵
챕터원

DATA:
https://chapterone.kr
서울시 용산구 한남대로 142, 5

⓭

디자인 가구 소품 리빙편집샵
에잇컬러스

DATA:
https://8colors.co.kr
서울시 강남구 강남대로 132길 53
☎070-8654-3697
월-금 10:00-18:00, 토일 12:00_18:00

※ 원서의 가게 리스트를 한국어 판에 맞춰 일부 변경했습니다.

처음 시작하는 인테리어

1쇄 펴낸날　2024년 10월 10일

지은이　　Misa, Hanamori, chaco, Nana
옮긴이　　박승희
펴낸이　　정원정, 김자영
편집　　　홍현숙
디자인　　강상희

펴낸곳　　즐거운상상
주소　　　서울시 중구 충무로 13 엘크루메트로시티 1811호
전화　　　02-706-9452
팩스　　　02-706-9458
전자우편　happydreampub@naver.com
인스타그램　@happywitches
출판등록　2001년 5월 7일
인쇄　　　천일문화사

ISBN　　　979-11-5536-222-8 (13590)

* 이 책의 모든 글과 그림, 디자인을 무단으로 복사, 복제, 전재하는 것은 저작권법에 위배됩니다.
* 잘못 만들어진 책은 서점에서 교환하여 드립니다.
* 책값은 뒤표지에 있습니다.
* 전자책으로 출간되었습니다.

KURASHI WO TANOSIMU HEYA ZUKURI TO INTERIOR NO MIHONCHO
© 2023 Misa, Hanamori, chaco, Nana
© 2023 Mynavi Publishing Corporation
Korean translation rights arranged with Mynavi Publishing Corporation
through Japan UNI Agency, Inc., Tokyo and Botong Agency, Gyeonggi-do

이 책의 한국어판 저작권은 Botong Agency를 통한 저작권자와의 독점 계약으로 즐거운상상이 소유합니다.
신 저작권법에 의하여 한국 내에서 보호를 받는 저작물이므로 무단전재와 무단복제를 금합니다.